新时代新理念职业教育教材·铁道运输类

"课程思政"建设探索教材

铁路票务作业
——基于电子客票

◎ 刘 辉 主编

北京交通大学出版社
·北京·

内 容 简 介

为贯彻立德树人根本任务，本书将课程思政元素融入铁路票务岗位职业能力的叙述中，以利于育人效果的提升。本书以职业教育改革新精神为依托，内容涵盖铁路票务类课程的核心知识技能要求，以职业岗位所需的知识技能为纲进行内容的组织，具体包括铁路车票基础知识、电子客票基础知识、售票作业知识与技能、改签作业知识与技能、退票作业知识与技能、电子客票应急处置知识与技能6个知识技能模块。6个知识技能模块又分解为15项具体的工作任务，而完成这些工作任务又必须具备28种职业能力，在实质上贯彻了职业教育以职业能力为主线的教学新理念。

本书适合作为高等职业学校、中等职业学校、技工学校铁道运输类专业的教材，也可作为铁路运输企业的职工培训用书。

图书在版编目（CIP）数据

铁路票务作业：基于电子客票 / 刘辉主编. —北京：北京交通大学出版社，2021.8
ISBN 978-7-5121-4542-9

Ⅰ. ①铁…　Ⅱ. ①刘…　Ⅲ. ①铁路运输–旅客运输–售票–岗位培训–教材　Ⅳ. ①U293.22

中国版本图书馆CIP数据核字（2021）第151590号

铁路票务作业——基于电子客票
TIELU PIAOWU ZUOYE——JIYU DIANZI KEPIAO

责任编辑：陈可亮
出版发行：北京交通大学出版社　　电话：010–51686414　　http://www.bjtup.com.cn
地　　址：北京市海淀区高梁桥斜街44号　　邮编：100044
印 刷 者：艺堂印刷（天津）有限公司
经　　销：全国新华书店
开　　本：185 mm×260 mm　　印张：8.75　　字数：209千字
版 印 次：2021年8月第1版　　2021年8月第1次印刷
印　　数：1～3 000册　　定价：43.80元

本书如有质量问题，请向北京交通大学出版社质监组反映。对您的意见和批评，我们表示欢迎和感谢。
投诉电话：010-51686043，51686008；传真：010-62225406；E-mail：press@bjtu.edu.cn。

前　言

近年来，我国铁路事业取得了举世瞩目的成就。铁路票务工作在电子客票全面推广的形势下，面临巨大的变革。电子客票在提升铁路运输服务水平、满足旅客出行需求、维护铁路运输安全、促进铁路客运组织流程再造等方面具有极其重要的作用。理解电子客票的内涵与外延，体会推广电子客票的巨大意义，掌握电子客票的作业技能，成为铁路票务岗位工作人员提升职业能力的迫切需求。本书的出版旨在满足铁道交通运营管理、高速铁路客运服务等专业铁路票务（特别是电子客票）类课程的教学需要。

本书共分6个知识技能模块，分别为铁路车票基础知识、电子客票基础知识、售票作业知识与技能、改签作业知识与技能、退票作业知识与技能、电子客票应急处置知识与技能。本书具有以下特点。

（1）本书贯彻立德树人根本任务，遵循“课程思政”建设精神要求，将思政元素与专业知识相融合，对学生进行潜移默化的思想政治教育。

（2）本书以职业教育改革新精神为依托，构建了“知识技能模块—工作任务—职业能力”的三级职业岗位知识技能展现体系。以职业岗位所需的知识技能为纲进行内容的组织，将铁路票务职业岗位能力划分为6个知识技能模块，这6个知识技能模块又分解为15项具体的工作任务，而完成这些工作任务又必须具备28种职业能力，在实质上贯彻了职业教育以职业能力为主线的教学新理念。

（3）本书按铁路票务工作岗位的技能要求、岗位作业标准进行编写，突出铁路票务岗位所需理论知识的系统性和操作技能的实用性，内容涵盖铁路票务类课程的核心知识技能要求，以图文并茂的方式，进行票制历史、票务理论、票务作业实务等知识技能的阐述，是一本系统全面、精练实用的专业课程教材。

本书由刘辉担任主编，由于编者水平有限，对于职业教育教学改革精神的理解也很肤浅，不足之处在所难免，恳请广大读者批评指正。反馈本书意见、建议，以及索取相关教学资源，可与编者联系（邮箱：cbslh@jg.bjtu.edu.cn；QQ：39116920）。

编者

2021年8月

目 录

知识技能模块 1

铁路车票基础知识

模块导入

走上铁路票务工作岗位，无论是办理售票作业还是办理退票、改签作业，首先要知道什么是车票，车票有哪些类型，车票的发展变迁经历了哪几个阶段等涉票基础知识。

本知识技能模块主要介绍铁路车票的基础知识。

思政课堂

小小火车票的变迁，见证了铁路的发展

自 2020 年 6 月 20 日起，全国普速铁路全面实施电子客票，旅客不需要换取纸质车票，仅凭购票时使用的有效身份证件就可以乘车。目前，高速铁路和普速铁路已经实现了电子客票的全覆盖。

第一代火车票是硬纸板式车票，其主要应用于 20 世纪 40 年代至 90 年代，车票大小为 57 mm×25 mm，十分“迷你”，一不小心就会遗失。当时车票的票面上还没有记载个人信息，无法挂失，如果遗失的车票被别人捡到则相当于请人免费搭乘列车。

第二代火车票是计算机软纸车票，其从 1996 年开始大范围出现在大家的生活中。计算机软纸车票上的信息更为全面，包括发到站、车次、时间、票价及条形码等信息。在早期的计算机软纸车票上还会显示“含软票费 1 元”。在当时没有实名验证的情况下，一人可以购买多张车票，这便让“黄牛”有了可乘之机，当旅客辛苦排队轮到自己时，一旦出现车票售罄的局面，真是让人恨得牙痒痒。

第三代火车票是计算机磁介质车票，其从 2007 年开始大范围出现在大家的视野中。计算机磁介质车票上印有二维码，并逐步开始实行实名制，这在很大程度上限制了“黄牛”倒卖车票的现象，是一项重要的创新。计算机磁介质车票可以记录票面信息，配合自助检票机使用，极大地提升了检票进站的效率，节省了人力成本和时间。

如今开始推广的“电子客票”，刷身份证件就可以进站，进一步节省了旅客排队取票的时间，也不用担心没取票或者丢失车票。这又是铁路车票发展历史上的一个里程碑，标志着铁路行业进入“无票”时代，真正做到了一张证件“走天下”！

小小火车票见证了中国铁路发展进步的脚步。有人说：“看一座城市文明的程度，就去火车站看看。”一座车站见证一座城市的变迁，一张张薄薄的火车票累积在一起见证铁路发展的历史厚度。沿用百年的纸质车票被磁介质车票取代，到现在的“一证走天下”，变化的背后是火车票发售系统的不断升级和中国铁路建设的巨大成就。小小火车票蕴含着大大的梦想，记录了中国铁路百年的变化，勾勒出中国铁路的与时俱进。

（改编自人民交通网 2020 年 10 月 19 日文章
《小小火车票的变迁，见证了铁路的发展》，作者：徐鹏、张龙）

工作任务 1.1　认知铁路车票

职业能力 1.1.1　掌握铁路车票的概念

1. 铁路车票的概念

铁路车票，俗称火车票，是旅客乘坐铁路客车的凭证。铁路车票是旅客缴纳相应的车资后，载明其可以乘坐车次的开车时间及车座位置的凭证。

铁路车票是一种有价证券，是旅客和铁路缔结运输关系的依据，也是旅客支付票价和办理旅客意外伤害强制保险的依据。

所谓缔结运输关系，实际上就是签订铁路旅客运输合同，该合同是明确承运人与旅客之间权利义务关系的协议。

2. 铁路车票的组成部分

铁路车票包括客票和附加票两部分。客票部分分为软座票、硬座票等。附加票部分分为加快票、卧铺票、空调票等。附加票是客票的补充部分。

3. 铁路车票的有效期

旅客购票后，应按票面载明的乘车日期、车次乘车。直达票是指从票面发站至到站有明确车次和席位，且不需中转的车票。直达票当日当次有效，若中途上（下）车，未乘区间失效。通票是指从票面发站至终到站需中转的车票。票面载有从发站至中转站的车次和席位，在中转站换乘时，应在车站售票窗口办理中转签证。通票按乘车里程计算有效期，旅客应持票在有效期截止前乘车至到站。

4. 铁路车票记载的要素

铁路车票记载的要素如图 1-1 所示。

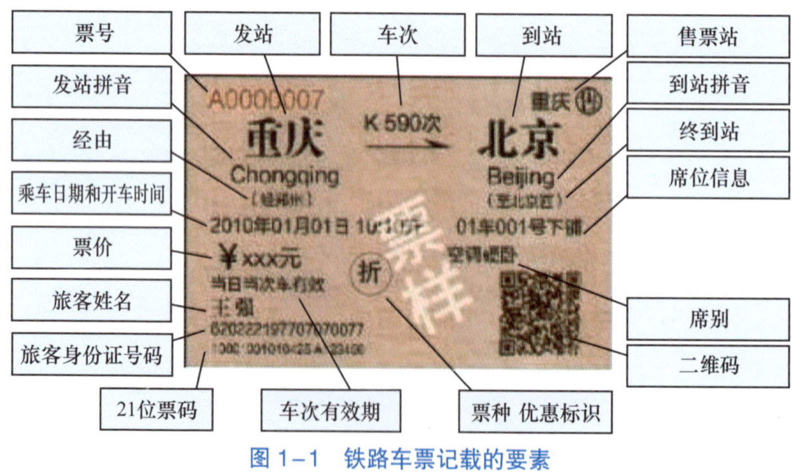

图 1-1　铁路车票记载的要素

职业能力 1.1.2 熟悉铁路车票的种类

1. 以载体形式划分

铁路车票根据载体形式的不同，分为电子客票和纸质车票。

1）电子客票

电子客票是以电子数据形式体现的铁路旅客运输合同的凭证。旅客可通过 12306.cn 网站（含铁路 12306 手机 App）、办理电子客票业务的车站售票窗口、自动售票机和铁路客票销售代理点购买指定范围内的电子客票。电子客票的基础知识将在知识技能模块 2 中进行具体介绍。

2）纸质车票

纸质车票是以纸张为载体的实物车票，主要包括以下形式。

（1）硬纸板式车票。

在计算机售票技术大范围运用前，硬纸板式车票（埃多蒙桑式车票）是最常见的车票形式，1997 年铁道部确定了计算机车票的统一式样后，从 1998 年底开始就很难再买到硬纸板式车票了。2007 年，硬纸板式车票彻底退出我国常规铁路售票系统。1949 年前，我国硬纸板式车票的尺寸为 57 mm×30 mm；1949 年后，我国硬纸板式常备车票的尺寸为 57 mm×25 mm。我国硬纸板式车票票面的颜色：软座客票为浅蓝色，硬座客票为浅红色，市郊客票为浅紫色，棚车客票为橙黄色；加快、卧铺、空调等票为白色无底纹。硬纸板式车票如图 1–2 所示。

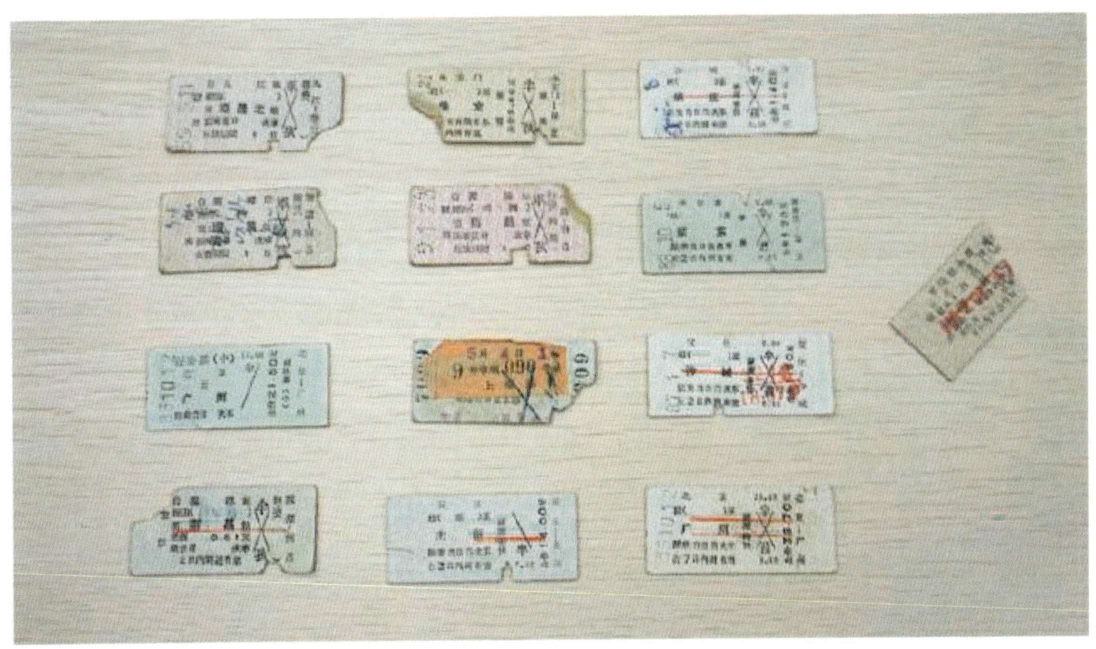

图 1–2 硬纸板式车票

（2）红色底纹的计算机软纸车票（见图 1–3）。

图 1–3　红色底纹的计算机软纸车票

（3）浅蓝色底纹的计算机磁介质车票（见图 1–4）。

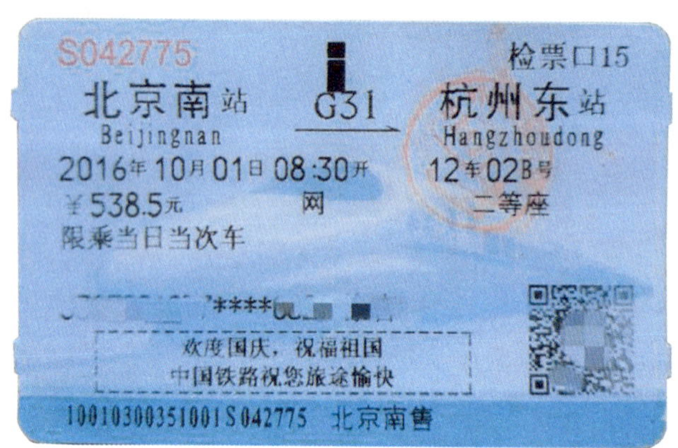

图 1–4　浅蓝色底纹的计算机磁介质车票

（4）移动补票机发售的补票。

移动补票机发售的补票，票纸采用 120 g 白色热敏纸，票面由红色水纹线组成“中国铁路”和“CR”图案，尺寸为 80 mm × 58 mm。移动补票机发售的车上补票如图 1–5 所示。

移动补票机发售的车上补票是目前纸质车票最后的几个“堡垒”之一，一般情况下除去几种特殊情况，铁路部门当前发售的车票均为电子客票。

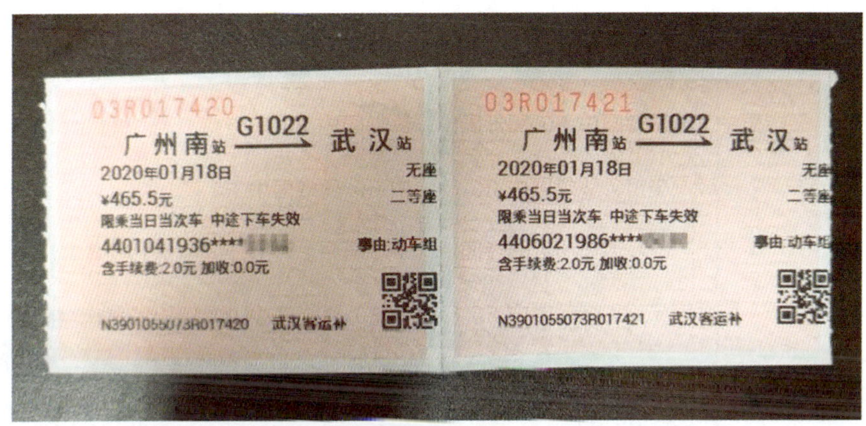

图 1-5 移动补票机发售的车上补票（钟南山院士和助手乘动车组逆行武汉抗疫的车上补票）

（5）区段票（见图 1-6）。

区段票可以理解为具备里程 - 票价对应表，不具备事由记录功能的简易车票，故其使用范围受限，多用于铁路局集团公司（以下简称铁路局）管内直通列车车上售补票时使用。区段票分为硬座区段票、普通加快区段票和硬座普快联合区段票 3 种，根据票价里程分组印刷，均为厚纸单页式。区段票长度为 265 mm，宽度为 75 mm。

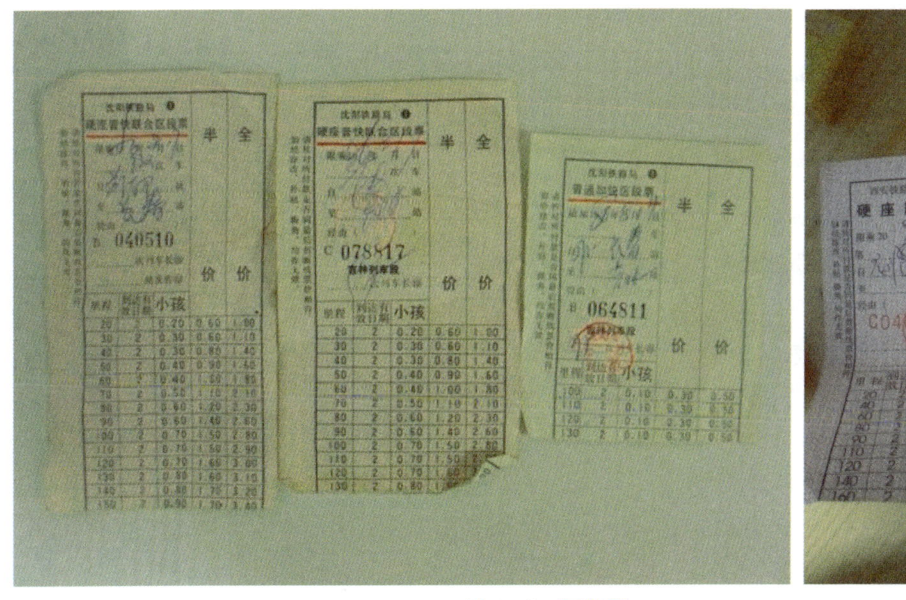

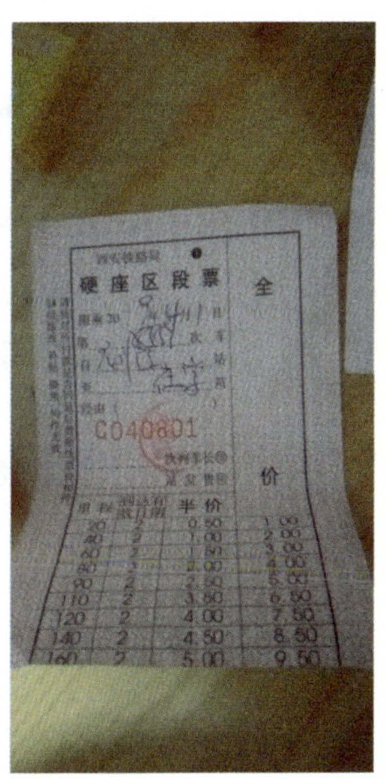

图 1-6 区段票

（6）客运杂费收据、代用票（见图 1-7）。

客运杂费指在客运运输过程中，除收取客票票价、行李包裹运费外，因办理与客运运输有关的附加作业和服务工作，向旅客收取的费用，如手续费、车上签证费、变更手续费等。

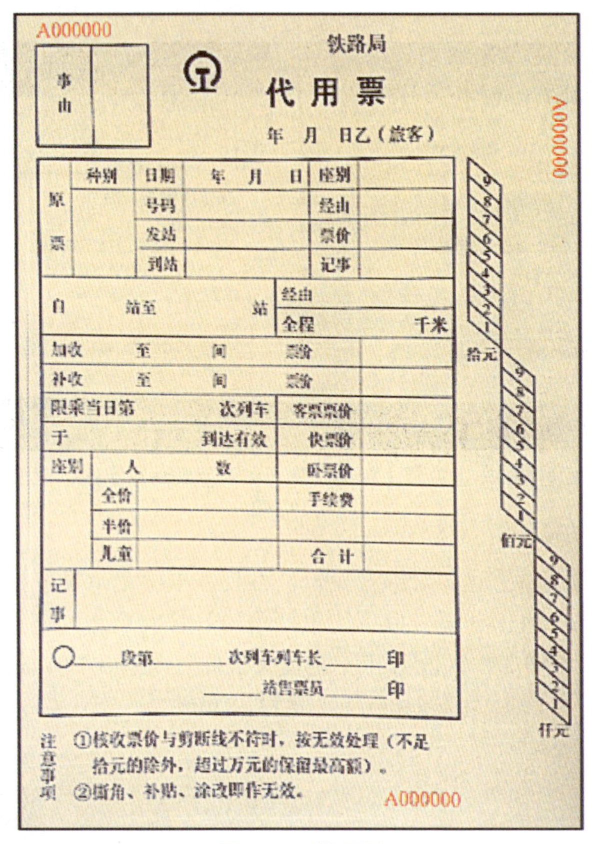

A000000

铁路局

代用票

年 月 日乙（旅客）

事由

原票	种别	日期	年 月 日	座别	
		号码		经由	
		发站		票价	
		到站		记事	

自 站至 站	经由	
	全程 千米	
加收 至 间 票价		
补收 至 间 票价		
限乘当日第 次列车	客票票价	
于 到达有效	快票价	
座别 人 数	卧票价	
全价	手续费	
半价		
儿童	合 计	
记事		

○____段第________次列车列车长______印

________站售票员______印

注意事项 ①核收票价与剪断线不符时，按无效处理（不足拾元的除外，超过万元的保留最高额）。②缺角、补贴、涂改即作无效。

A000000

A000000

9 8 7 6 5 4 3 2 1 拾元 9 8 7 6 5 4 3 2 1 佰元 9 8 7 6 5 4 3 2 1 仟元

图 1–7　代用票

代用票可以理解为“万能客票”，它所覆盖的 18 种事由和详细的表格设计使得其几乎可以充当任何种类的车票。例如在列车上，当移动补票机出现故障等特殊情况时，可以通过发售代用票来应对。在移动补票机普及前，发售代用票是最常见的车上补票方式。在电子客票时代，代用票成为硬件设备、网络通信故障情况下的一种应急替代票种。

代用票为甲、乙、丙三页复写式，尺寸为 185 mm×120 mm。甲、丙页为薄纸，乙页为厚纸。甲页为存根页；乙页为旅客页，加印浅褐色底纹；丙页为报告页。

发售代用票的技能将在知识技能模块 6 中进行介绍。

2. 其他分类

1）直达票

如前面所述，直达票是从票面发站至到站有明确车次和席位，且不需中转的车票。

2）异地票、联程票、往返票

异地票（见图 1–8）是在一个车站购买发站为不同城市的另一个车站的车票。当从乘车站至目的站没有直接到达的列车时，旅客可在购买从乘车站到换乘站的车票的同时购买从换乘站至目的站的联程票（见图 1–9）。旅客可在乘车站同时购买往程（从乘车站去往目的站）和返程（从目的站返回乘车站）的往返票（见图 1–10）。在有运输能力的情况下，旅客可以购买带有席位号的异地票、联程票和往返票。

图 1-8　异地票

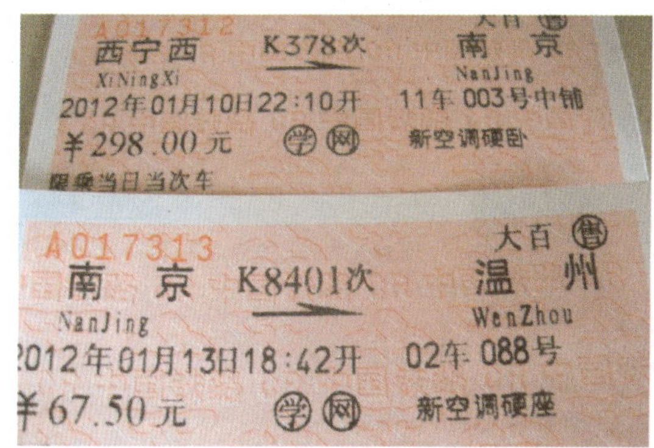

（a）票面

（b）换乘标识

图 1-9　联程票

图 1-10　往返票

3）优待（惠）车票

购买儿童票、学生票、残疾军人（含伤残人民警察）优待（惠）票，残疾人专用票额车票时，要符合规定的优待（惠）条件，并提供相关凭证（证明）。

4）“硬卧代硬座”车票、“软卧代软座”车票、“软卧代二等座”车票

为充分发挥铁路运输能力，满足旅客出行需求，部分列车的软、硬卧代作软座（二等座）、硬座使用。

软卧代二等座车票如图 1–11 所示。

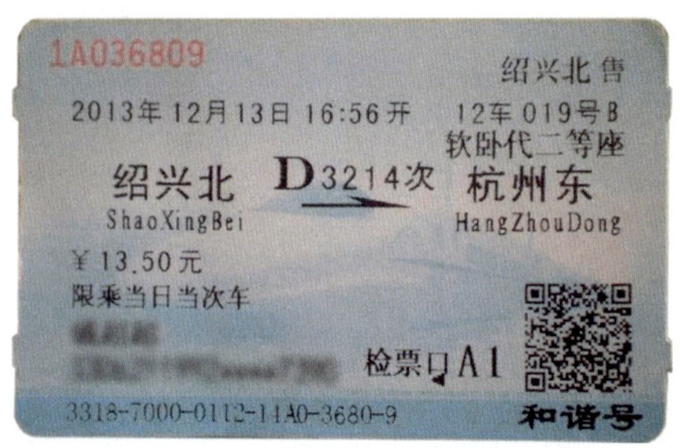

图 1–11　软卧代二等座车票

3. 特殊形式的车票

铁路乘车卡、铁路乘车证、铁路特种乘车证可以视为特殊形式的车票，它们都可以作为乘车凭证，持有它们可以进站、上车，实现位移功能，它们是不是票的“票”。

1）铁路乘车卡

铁路乘车卡是内装磁介质或者集成电路芯片，通过自动检票机（闸机）记录旅客乘车信息的卡片式乘车凭证。铁路运输企业可以依法自行发行铁路乘车卡，也可以采用其他企业发行的卡式支付工具作为铁路乘车卡，但在实施前均须报铁路主管部门批准。

旅客使用铁路乘车卡经进站闸机读卡确认进站，乘车至到站，经出站闸机读卡确认出站，为一次铁路旅客运输。闸机在读卡时所记录的进站、出站信息分别为铁路旅客运输合同运送期间的起、止证明。

（1）中铁银通卡。

中铁银通卡（见图 1–12）是中国国家铁路集团有限公司（简称国铁集团）与中国银行联合推出的一种消费卡，是由中铁银通支付有限公司发行的双介质预付卡，可在指定线路上直接刷卡检票乘车，也可以作为普通银行卡用于购票付款。“中铁银通卡”仅限于持卡人本人使用，不取现、不计息、不可透支，有效期标注在卡片正面，过期后需到指定售卡网点办理换卡手续。

“中铁银通卡”刷卡乘车时，金卡按一等座票价扣款，银卡按二等座票价扣款，旅客可以持卡至预留席乘车。按照中国人民银行对预付卡的有关规定，向“中铁银通卡”内充值时不提供发票，旅客可在乘车后 31 日内到铁路指定窗口打印报销凭证。

(a) 金卡

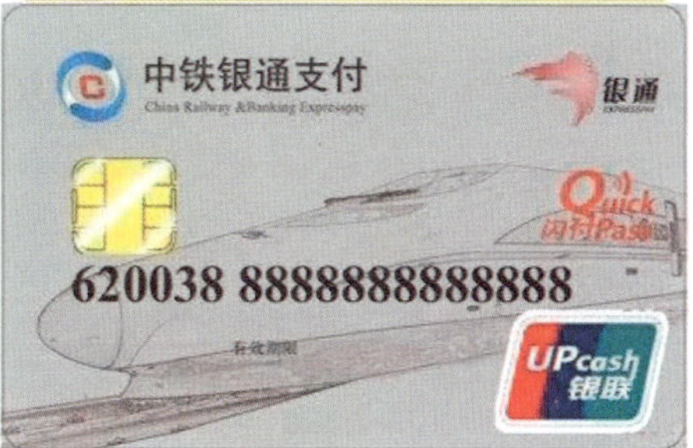

(b) 银卡

图 1-12 中铁银通卡

(2) 广深铁路牡丹信用卡。

广深铁路牡丹信用卡(见图 1-13)是广深铁路股份有限公司与中国工商银行联合推出的双介质信用卡，可以在广深线直接刷卡检票乘坐动车组列车，也可以作为普通信用卡使用。

图 1-13 广深铁路牡丹信用卡

(3) 京津城际铁路快通卡。

目前京津城际铁路快通卡已停止发行、使用，由中铁银通卡替代。

> **研读规章**
>
> 认真学习《铁路乘车卡使用管理暂行办法》。

2) 铁路乘车证

铁路乘车证是铁道部时期延续下来的一种乘车凭证，主要用于铁路职工因公出差使用。满足条件的铁路职工或家属在特定情况下、特定区间内，可以持相关证件免票乘车。

铁路乘车证共分 9 种，有 3 种颜色，均为单页。

(1) 硬席全年定期乘车证。

因工作需要，必须经常在所管辖区段铁路沿线往返乘车的铁路职工，可使用所管辖区段内的硬席全年定期乘车证，在正式或临时营业铁路上准乘各种旅客列车(国际列车除外)，可乘坐空调可躺式客车。

硬席全年定期乘车证编号以“公 YN”开头，为浅蓝色。

硬席全年定期乘车证如图 1-14 所示。

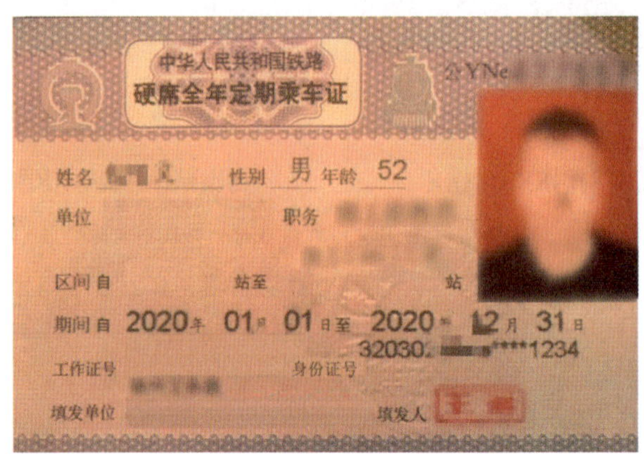

图 1–14　硬席全年定期乘车证

（2）软席全年定期乘车证。

因工作需要，必须经常在所管辖区段铁路沿线往返乘车的铁路职工，达到乘坐软席标准的，可使用所管辖区段软席全年定期乘车证，在正式或临时营业铁路上准乘各种旅客列车（国际列车除外），可乘坐空调可躺式客车软席。软席全年定期乘车证编号以“公 RN”开头，为浅粉色。

（3）硬席临时定期乘车证。

因工作需要，短期内须在一定区段内连续往返乘车或一次出差到几个地点又不顺路的，可使用一定区段内的临时定期乘车证，在正式或临时营业铁路上准乘各种旅客列车（国际列车除外），可乘坐空调可躺式客车。硬席临时定期乘车证编号以“公 YL”开头，为浅蓝色。

（4）硬席乘车证。

因工作需要，一次性外出乘车，可使用硬席乘车证（见图 1–15），在正式或临时营业铁路上准乘各种旅客列车（国际列车除外），可乘坐空调可躺式客车硬席，乘车区段及期间按实际需要填发，单程或往返一次有效，除转乘外，中途下车无效。硬席乘车证（含单程、往返）编号以“公 YX”开头，为浅蓝色。

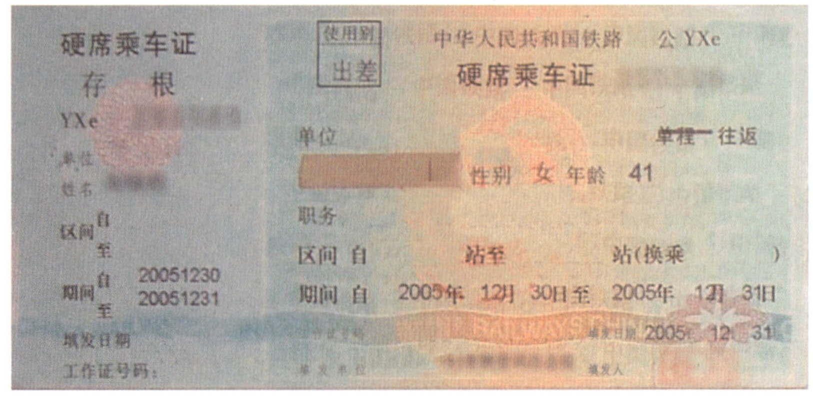

图 1–15　硬席乘车证

（5）软席乘车证。

因工作需要，一次性外出乘车，达到乘坐软席标准的，可使用软席乘车证，在正式或临时营业铁路上准乘各种旅客列车（国际列车除外），可乘坐空调可躺式客车软席，乘车区段及期间按实际需要填发，单程或往返一次有效，除转乘外，中途下车无效。软席乘车证（含单程、往返、临时、定期）编号以“公 RX”开头，为浅粉色。

（6）通勤乘车证。

符合享受一年一次探亲待遇条件的职工，其工作地至家属居住地在 600 km 以内（铁路局工程、大修部门流动施工的职工，在局管范围内可不受 600 km 限制），能利用节假日或休班时间回家的，在不享受国家规定的探亲假的前提下，可填发定期通勤乘车证（见图 1–16）；职工工作地至家属居住地在 200 km 以内，需通勤时可使用通勤乘车证。

铁路沿线职工供养的子、女、弟、妹由居住地至中小学校在 50 km 以内，可使用通学乘车证。通勤乘车证准乘各种旅客列车（国际列车除外），通勤乘车证（含定期、通学）编号以“DT”开头，为浅黄色。

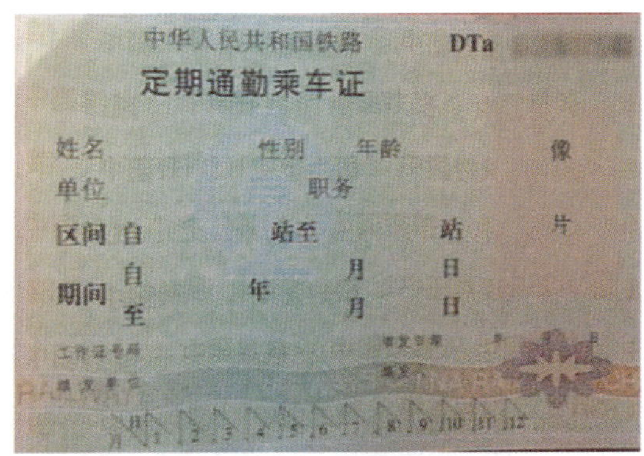
中华人民共和国铁路 DTa
定期通勤乘车证
姓名 性别 年龄 像
单位 职务
区间 自 站至 站 片
期间 自 年 月 日
至 月 日
工作证号码 填发日期 年 月 日
填发单位 填发人
月 1 2 3 4 5 6 7 8 9 10 11 12

图 1–16 定期通勤乘车证

（7）就医乘车证。

铁路职工及其供养的家属患病转院可使用就医乘车证（见图 1–17），准乘快速和普通旅客列车。

就医乘车证（含往返、临时定期、全年定期）编号以“JY”开头，为浅黄色。

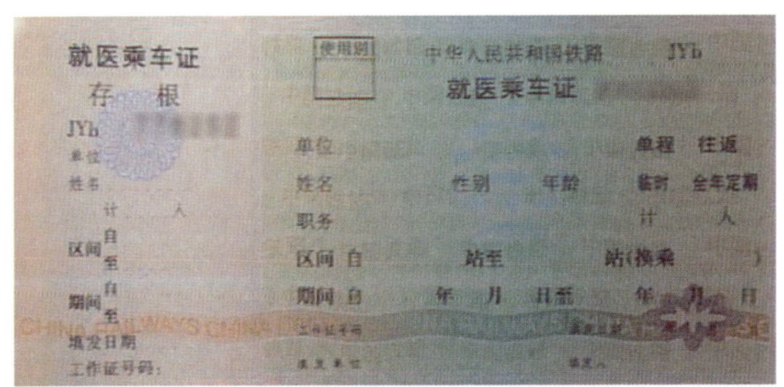
就医乘车证
存 根
JYb
单位
姓名
计 人
区间 自
至
期间 自
至
填发日期
工作证号码：

使用别
中华人民共和国铁路 JYb
就医乘车证
单位 单程 往返
姓名 性别 年龄 临时 全年定期
职务 计 人
区间 自 站至 站（换乘 ）
期间 自 年 月 日至 年 月 日
工作证号码 填发日期
填发单位 填发人

图 1–17 就医乘车证

（8）便乘证。

机车乘务员、运转车长在规定担当乘务的区段内便乘时，可使用便乘证，在正式或临时营业铁路上准乘各种旅客列车（国际列车除外），按指定日期、车次一次乘车有效。便乘证编号以“公 BC”开头，为浅黄色。

（9）探亲乘车证。

探亲乘车证是铁路职工及其供养的直系亲属探亲的乘车凭证。探亲乘车证准乘各种旅客列车（国际、旅游列车除外），但不能乘坐软席和免费使用卧铺。符合使用卧铺条件的探亲职工按有关规定办理。探亲乘车证（含单程、往返）编号以“TQ”开头，为浅黄色。

持用各种铁路乘车证的职工，出入车站及在列车内须与旅客同样经过检验手续，同时交验铁路工作证（见图 1–18）、学生证、离休证、退休证、家属医疗证或家属证。任何证明均不能代替上述证件。职工持用探亲乘车证，需同时持贴有本人照片的工作证和探亲证明；职工配偶或父母、子女持用探亲乘车证，需同时持贴有本人照片的家属证（医疗证）和探亲证明。任何代替工作证或家属证的证件均无效。

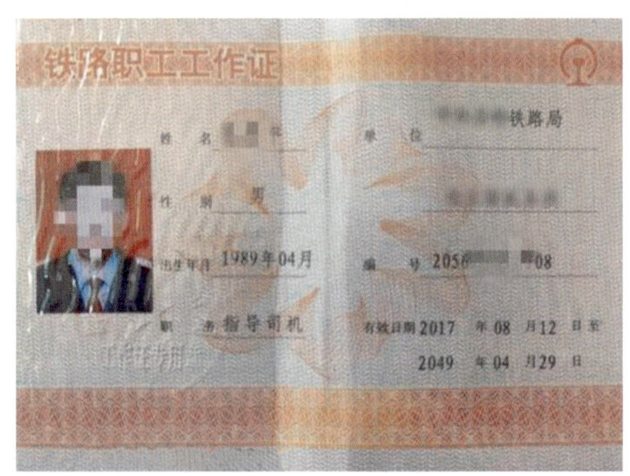

图 1–18　铁路工作证

出差、探亲、驻勤、开会、入学、调转赴任、搬家还必须交验相应的证明，如职工出差证明、人事调转命令、户口迁移证明等；医疗转院或疗养必须交验医疗机构的转院、疗养证明；机车乘务员便乘时，必须携带机务段填发的司机报单；机械保温车乘务员去外地换班乘坐旅客列车时，应交验保温段填发的交接班证明。

3）铁路特种乘车证

（1）全国铁路通用乘车证。

全国铁路通用乘车证是中国国家铁路集团有限公司（以下简称国铁集团）根据国家安全、公安、司法和机要部门的特殊任务的需要所签发的特种证件。持此证可优先进站和乘坐全国各线、各次旅客列车（国际列车、广九直通车及联运车厢除外）的软、硬座席和卧铺，但持证人应出示相应的工作身份证件，发现不符的，站、车工作人员应收回乘车证并上报国铁集团。

全国铁路通用乘车证的票价由国铁集团确定并由使用单位在购票时与国铁集团统一结算。

全国铁路通用乘车证记录的主要内容如图 1-19 所示。

正面	背面
字第______号 **软座乘车证** 乘车区间自______站 至______站 有效期间自 20______年______月______日起 至 20______年______月______日止 签发单位：	注意事项 1. 乘车时必须携带此证。 2. 遇列车长、乘警检查时必须出示此证。 3. 此证只限乘坐确定的包房或席位。 4. 此证不得转借他人。 5. 持证人必须遵守铁路一切规章。

图 1-19 全国铁路通用乘车证记录的主要内容

（2）中央和各省、市、自治区机要部门使用的软席乘车证。

中共中央办公厅机要交通局和各省、市、自治区党委机要交通部门利用火车传递机要文件时，铁路局应拨给软卧包房一间，无软卧包房时也可拨给其他席位。传递机要文件的人员应持有软席乘车证，限乘指定的乘车区间。

（3）邮政部门使用的机要通信押运人员免费乘车证。

① 邮政部门机要通信人员包括押运员、检察员。

② 持有机要通信押运人员免费乘车证的人员只限乘坐邮车及铁路指定的座席。

③ 邮政部门运送机要文件单独租用或机普合押使用的邮车及固定容间时，机要押运人员每次列车限二人，搭乘邮车及固定容间，须持有机要通信押运人员免费乘车证。

机要通信押运人员免费乘车证记录的主要内容如图 1-20 所示。

左	右
机字第______ 职务______ 押运区间 ______________________ 注意事项 一、押运时必须携带此证。 二、此证只准乘坐邮车和指定座席。 三、此证除押运员使用外，不得转让他人使用，否则按铁路规章办理。 四、铁路一切规章，持证人均应遵守。	有效期间 自 20______年______月______日起 至 20______年______月______日止 填发单位章

图 1-20 机要通信押运人员免费乘车证记录的主要内容

（4）邮政部门押运员免费乘车证。

邮政部门挂运专运车厢和使用固定容间及加挂车、运邮车，均应派员押运。邮政部门押运员出乘时，应持有列车编组担当铁路局或指定铁路局加盖公章的押运员免费乘车证，只限乘坐邮车及铁路指定的区间。

押运员免费乘车证记录的主要内容如图 1-21 所示。

<table>
<tr><td colspan="2">字第______号</td><td rowspan="5">有效期间
自20______年______月______日起
至20______年______月______日止</td></tr>
<tr><td>管辖局</td><td></td></tr>
<tr><td>职务</td><td></td></tr>
<tr><td>押运区间</td><td></td></tr>
<tr><td colspan="2">注意
（一）押运时，必须携带此证，以备检查。
（二）此证只准乘坐邮车。
（三）此证除押运员使用外，不得转让他人使用，否则按铁路规章办理。
（四）此证丢失时，立即失效。
（五）铁路一切规章，持证人均应遵守。</td></tr>
</table>

图 1-21　押运员免费乘车证记录的主要内容

（5）邮运视导员免费乘车证。

邮政部门视导人员凭当地铁路局盖章的邮运视导员免费乘车证，随车检查所辖各线邮运工作，只限乘坐邮车。

邮运视导员免费乘车证主要记录的内容如图 1-22 所示。

<table>
<tr><td>邮运视导员免费乘车证
字第______号
一、职务：______局______员
二、姓名：______
三、年龄：______
四、视导区间：______
五、有效期间：自______年______月______日
至______年______月______日止
铁路局章
______年__月__日填发</td><td>注意
一、视导时必须携带此证，以备检查。
二、此证只准乘坐邮车。
三、此证除视导员及必要时添派的工作人员使用外，不得转让他人使用，否则按铁路规章办理。
四、此证期满后，应立即交还铁路局注销。
五、铁路一切规章，持证人均应遵守。</td></tr>
</table>

图 1-22　邮运视导员免费乘车证主要记录的内容

（6）口岸站的海关、边防军、银行使用的往返免费乘车证明。

海关、边防军及银行办理进出国境站旅客、行李查验及兑换货币等工作，在停车时间内来不及完成上述工作时，国境站根据海关、边防军、银行的要求，可填发国境站与最近停车站之间往返免费乘车书面证明，在国内区段随车工作，并准许利用乘务员房间，工作完毕后随最近列车返回国境站，将往返免费乘车证明交车站注销。

（7）中华人民共和国铁路免费乘车证。

中华人民共和国铁路免费乘车证由国铁集团对外合作部门签发，供我国铁路邀请的外宾在我国国内使用，可乘坐我国铁路担当的各次旅客列车的软、硬席和卧铺。该证用后不收回，赠送外宾留念。陪同外宾的我国工作人员，凭注有“陪同”字样的中华人民共和国铁路免费乘车证和工作证及批准证明享受上述同等待遇，但乘车证用毕应立即交回。

（8）用于到外站装卸作业及抢险的调度命令。

进行事故救援与抢险救灾时，由于时间紧迫来不及填发乘车证明，可凭调度命令乘车，一次乘车有效。装卸工到外站装卸车，可按有关规定，使用铁路局调度命令乘车。

此外，国务院铁路主管部门邀请的其他政府部门和新闻单位检查铁路工作时，凭全国铁路免费乘车证可乘坐除国际列车以外的各种等级、席别的列车。

工作任务 1.2　认知铁路票制的沿革

职业能力 1.2.1　了解世界铁路车票发展脉络

（1）1830 年 9 月 15 日开始运营的利物浦—曼彻斯特铁路，首次定期开行旅客列车。第一张铁路车票就诞生在 1830 年 9 月 17 日，即利物浦—曼彻斯特铁路正式运送旅客之时。这张铁路车票长 88 mm、宽 60 mm，车票上只印有站名，而发车时刻、乘车日期及发行者签名均由售票者书写。

（2）随着乘坐火车的旅客越来越多，靠售票者逐张填写车票的办法显然落后了。英国人托马斯·埃多蒙桑把一些固定内容先印在票面上，售票时再将旅客的个人情况添加在票面上，这样就提高了售票速度，于是世界著名的埃多蒙桑式车票——硬纸板式车票诞生了。埃多蒙桑式车票如图 1–23 所示。

图 1–23　埃多蒙桑式车票

（3）由于埃多蒙桑式车票有诸多优点，这种硬纸板式车票开始风靡世界，并逐渐演变为世界各国的标准型车票。部分国家的铁路车票如图 1–24 所示。

（a）德国铁路车票

图 1–24　部分国家的铁路车票

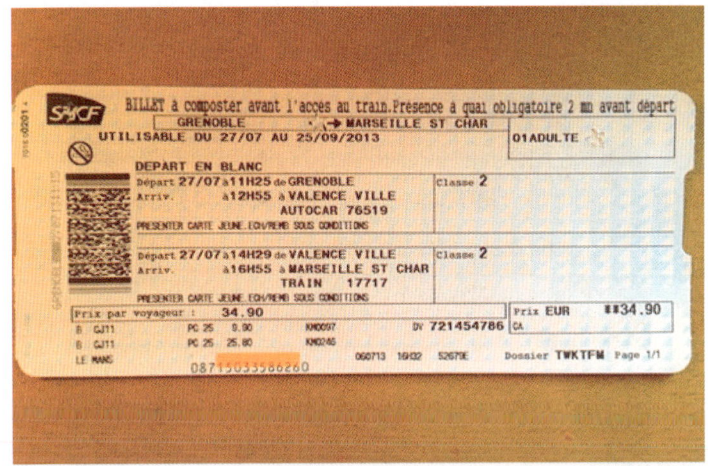

（b）法国铁路车票

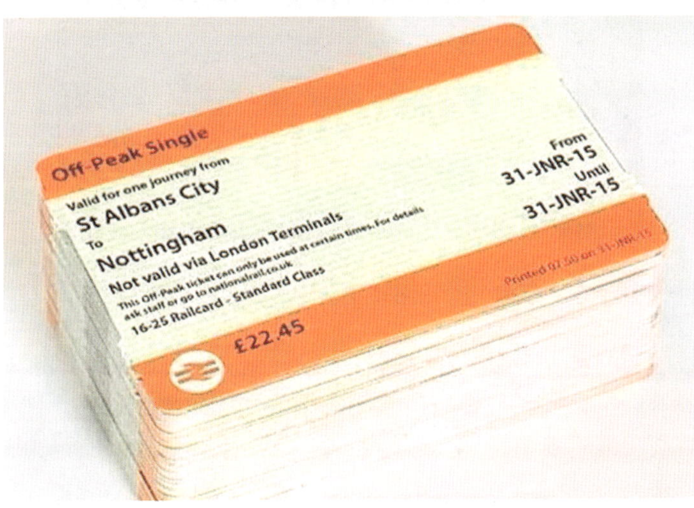

（c）英国铁路车票

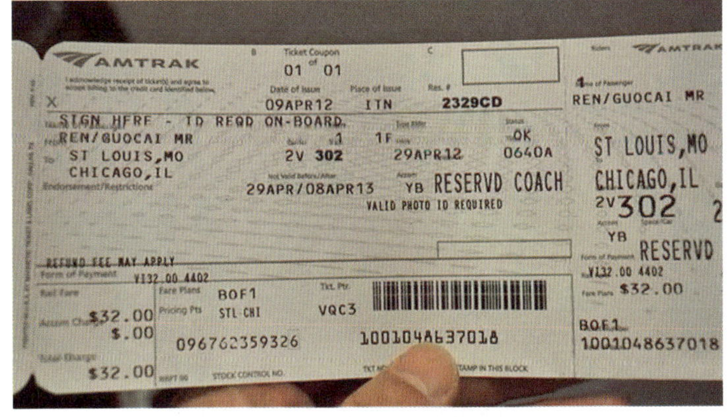

（d）美国铁路车票

图 1-24　部分国家的铁路车票（续）

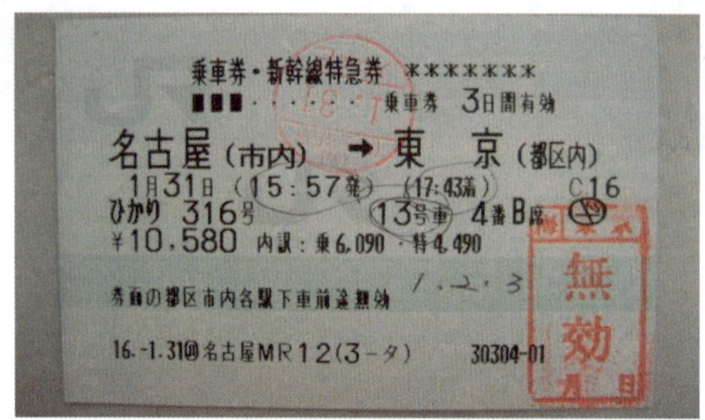

(e) 日本铁路车票

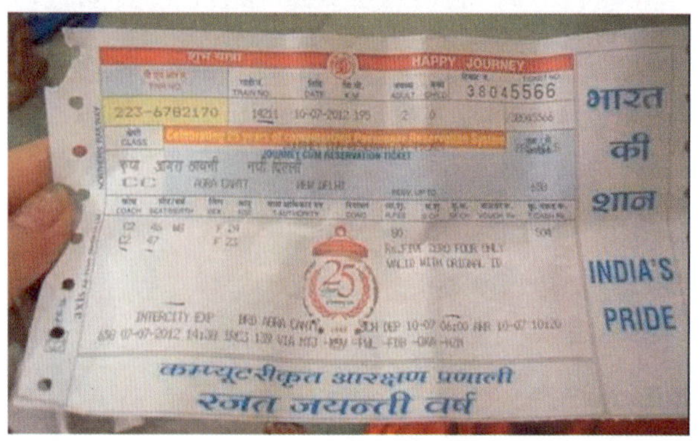

(f) 印度铁路车票

图 1-24 部分国家的铁路车票(续)

(4)随着科技的发展，许多国家的铁路开始推行电子客票，铁路车票无纸化的趋势越来越明显，用二维码等虚拟形式来代替纸质实物车票的情况越来越普遍。图 1-25 所示为旅客在法国里昂火车站刷二维码乘车。

图 1-25 旅客在法国里昂火车站刷二维码乘车

职业能力 1.2.2　熟悉中国铁路车票票制沿革

1. 新中国成立前的铁路车票票制

清朝末年，中国沦为半殖民地半封建社会，中华民族备受欺辱，路权被帝国主义国家掠夺。国家的大部分铁路，特别是大部分干线铁路均由帝国主义国家修建。由于这些铁路从建设资金、设计施工到运营维护等诸多方面均依赖外国，因此不同国家在中国修建的铁路大多使用各自国家的票制，导致当时中国票制种类繁多，车票尺寸不一、颜色各异。例如，京汉线是法国人修的，头等票为红色，二等票为黄色，三等票为蓝色；沪宁线是英国人修的，头等票为黄色，二等票为绿色，三等票为红色。而且各铁路公司章程也是五花八门，旅客长途旅行需要分段买票、分段乘车。北京到汉口的火车票上印的是法国文字，北京到济南的火车票上印的是日本文字，而上海到南京的火车票上印的却是英国文字，到哪段铁路，就需要遵守哪段铁路上的“规矩”，可谓屈辱至极。中华民国初期，政府开始整顿票制，统一了车票的内容、样式、颜色和尺寸（57 mm×30 mm）。

1919 年，四川学者吴虞到北大任教时，在日记中清晰地记录了当时的火车票价：汉口至北京，二等车价二十九元（银元），头等卧铺另加四元，三等车价十四元五角，无床铺。对于普通人来说，乘火车仍是一种奢望。陈存仁的《银元时代生活史》一书记载，20 世纪 20 年代，一块银元可以买 30 斤米，公司普通职员和中小学教师，这类有一些专长的劳动者，他们的月薪差不多只有 20 银元。也就是说，他们一个月的工资只够买一张汉口到北京的无床铺三等座。中华民国时期三等座车厢如图 1–26 所示。

图 1–26　中华民国时期三等座车厢

如图 1–27 所示，这是一张中华民国时期长沙东站到株洲站的火车票，票价是 1 700 元，票面印有：中华民国国有铁路、民国卅六年五月廿五日（1947 年 5 月 25 日），火车票背面印有乘车须知。1947 年，中华民国政府掀起内战，腐败成风，民不聊生，物价猛涨，短短几十公里的里程，车费高达 1 700 元。

图 1–27　中华民国时期火车票

2. 新中国成立后，铁路车票票制的发展

新中国成立后，铁路车票的样式也几经变迁，从最初的硬纸板式车票到软纸车票再到磁介质车票，再到 21 世纪的电子客票，可以说，铁路车票见证了新中国一步步走向繁荣昌盛的历程。

1）硬纸板式车票

新中国成立后，开始发售新一代硬纸板式铁路车票（区别于 1949 年之前的硬纸板式铁路车票）。该硬纸板式铁路车票尺寸为 57 mm×25 mm。火车有快车、慢车之分，车票也有所区别，快车的车票票面印有一条红线，特快车的车票票面印有两条红线。1949—1996 年，硬纸板式铁路车票一直是中国铁路车票的主要形式。各个时期的硬纸板式铁路车票如图 1–28 所示。

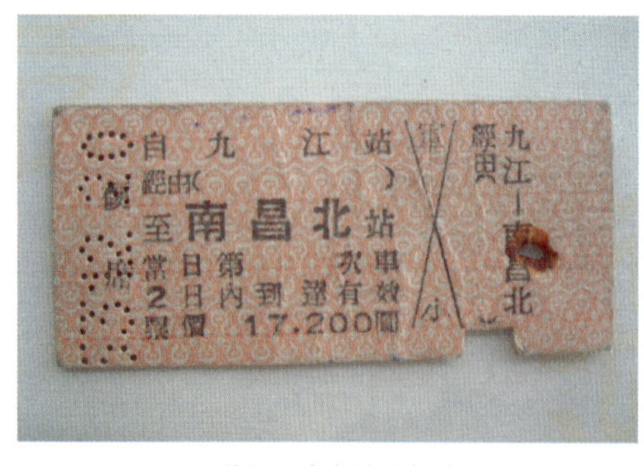

（a）20 世纪 50 年代铁路车票

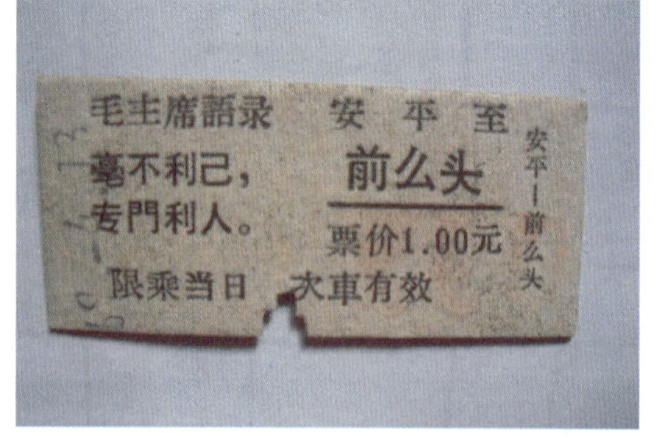

（b）20 世纪 60 年代铁路车票

图 1–28　各个时期的硬纸板式铁路车票

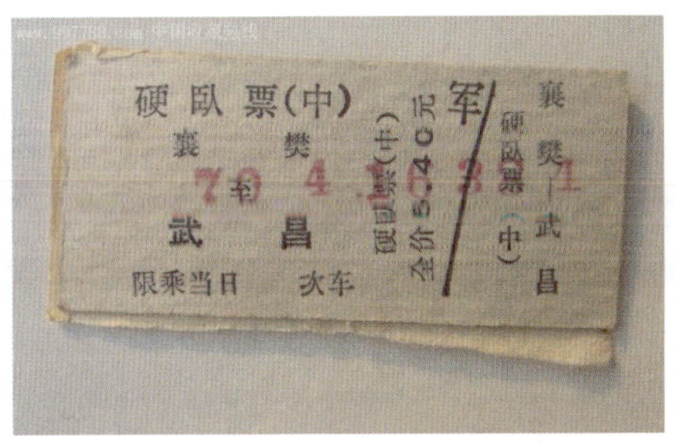

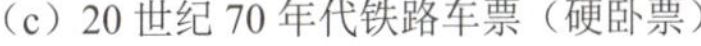

（c）20 世纪 70 年代铁路车票（硬卧票）

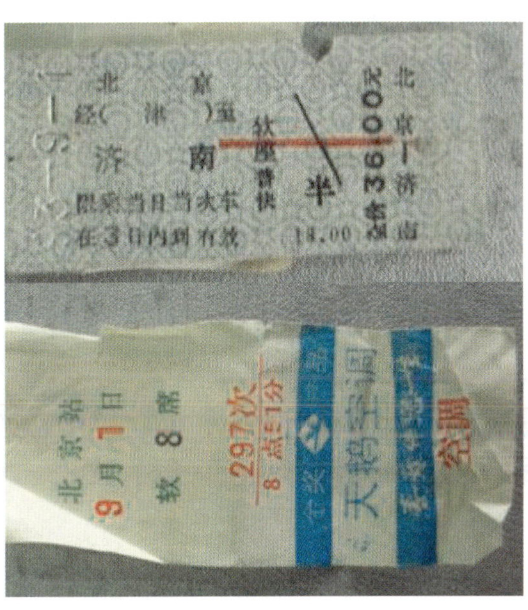

（d）20 世纪 80 年代铁路车票（软座票）

图 1–28 各个时期的硬纸板式铁路车票（续）

如图 1–29 所示，这是一张锦州站到兴城站的硬纸板式铁路车票，最左边的小孔标示了开车日期，为 1994 年 1 月 1 日，非空调硬座票价为 3 元。同一区段，现在的空调车型硬座票价为 10.5 元。

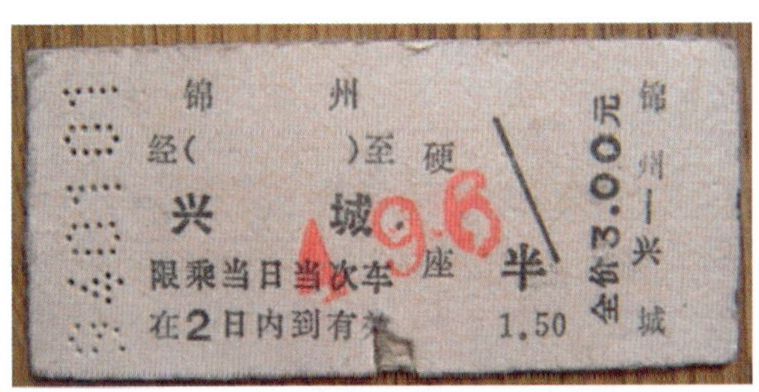

图 1–29 20 世纪 90 年代硬纸板式铁路车票

2）早期软纸车票

（1）Ⅰ型软纸车票。

早在 20 世纪 60 年代，中国铁道科学研究院电子所就与铁路其他单位合作，开始了对铁路计算机客票的研究并取得初步成果。经铁道部批准，1979 年 7 月 20 日在上海站和北京站试售计算机客票。这是中国铁路首批计算机打印的客票，称为Ⅰ型软纸车票。这次铁路售票方式的探索，引发了中国铁路售检票系统的巨大变革。Ⅰ型软纸车票如图 1–30 所示。

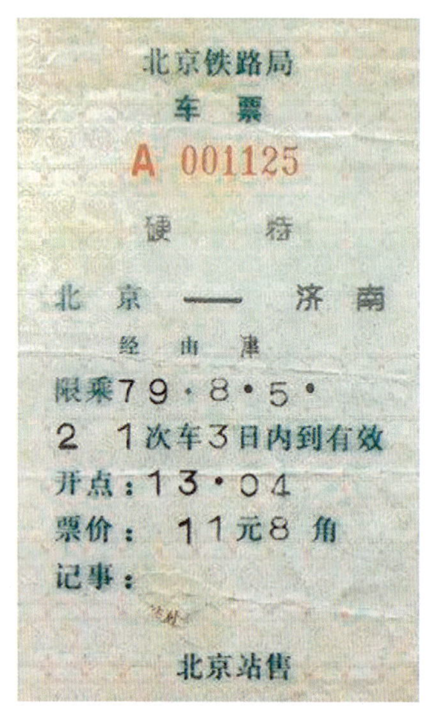

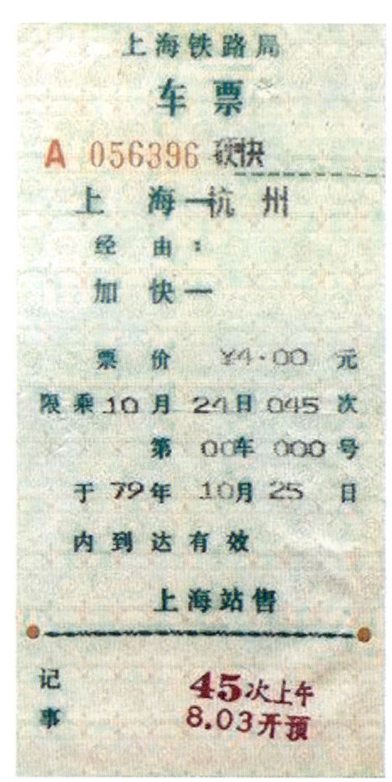

图 1-30 Ⅰ型软纸车票

（2）Ⅱ型软纸车票。

随着技术的进步，“一带八”的多窗口计算机客票发售系统（即一台主机带动八台制票机，可在八个窗口同时售票）研制成功。此时，出现了Ⅱ型软纸车票，这种填空式计算机车票的票面改为了横式，1984 年 11 月Ⅱ型软纸车票在上海站试售并获得成功。

Ⅱ型软纸车票如图 1-31 所示。

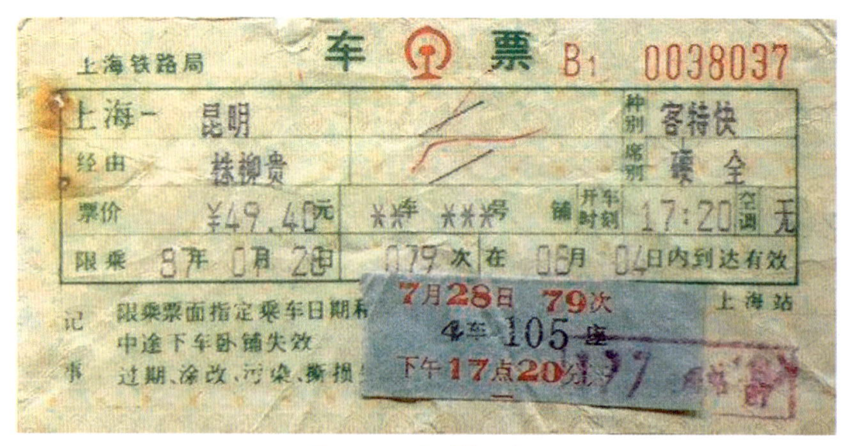

图 1-31 Ⅱ型软纸车票

之后又出现了Ⅱ型软纸车票的改进型车票（见图 1-32）。

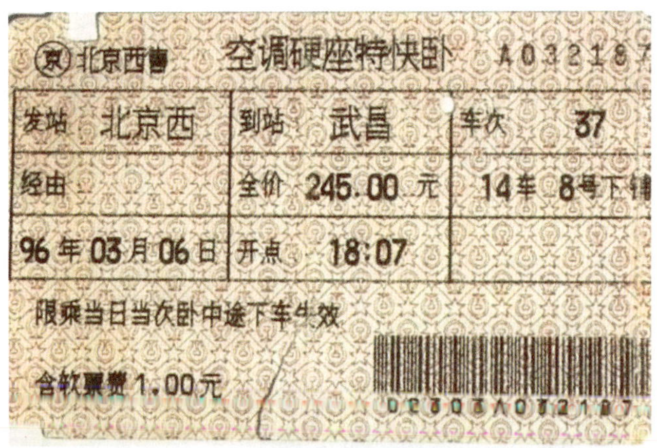

图 1-32 Ⅱ型软纸车票的改进型车票

（3）广深铁路软纸车票。

20 世纪 80 年代，中国铁道科学研究院电子所与广深铁路公司开展技术合作，成功研发 GSKP-1 型电子售票机并投入运用。GSKP-1 型电子售票机售出的广深铁路软纸车票如图 1-33 所示。

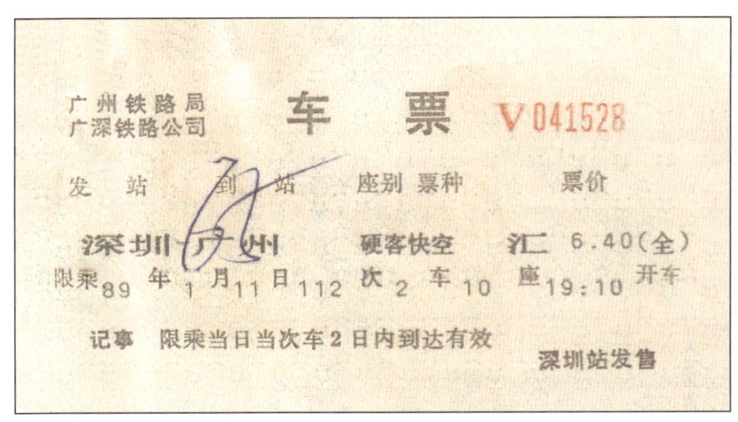

图 1-33 GSKP-1 型电子售票机售出的广深铁路软纸车票

3）全路统一样式的软纸车票

无论是Ⅰ型软纸车票、Ⅱ型软纸车票，还是广深铁路软纸车票，都是小范围试点的计算机售票探索。随着技术的进步，开发全国统一的计算机售票系统软件，设计全路统一样式的软纸车票提上了日程。

（1）1996 年 5 月，铁道部成立全路客票发售和预订系统领导小组和工作组（总体组），启动了全路客票系统的开发。工作组设在中国铁道科学研究院电子所，制定了采用热转印技术的统一客票样式，开发了客票发售和预订系统统一应用软件 1.0 版。1996 年 8 月 23 日，西安站应用该软件实现计算机售票。客票发售和预订系统统一应用软件 1.0 版发售的蓝底软纸车票如图 1–34 所示。

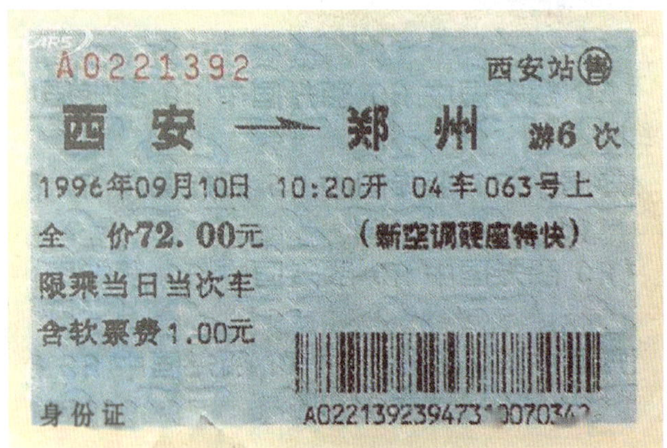

图 1–34 蓝底软纸车票

客票发售和预订系统统一应用软件 1.0 版售出的车票，采用了短条形码，在票面左下角有“身份证”字样，表明当时已对实名制售票有过构想，由于当时读取身份证信息的条件不成熟，后被删除。

（2）1997 年，铁道部确定了红底软纸车票的统一样式，随后，软纸客票开始在全国进行推广。

1997 年铁道部确定的红底软纸车票（短条形码）如图 1–35 所示。

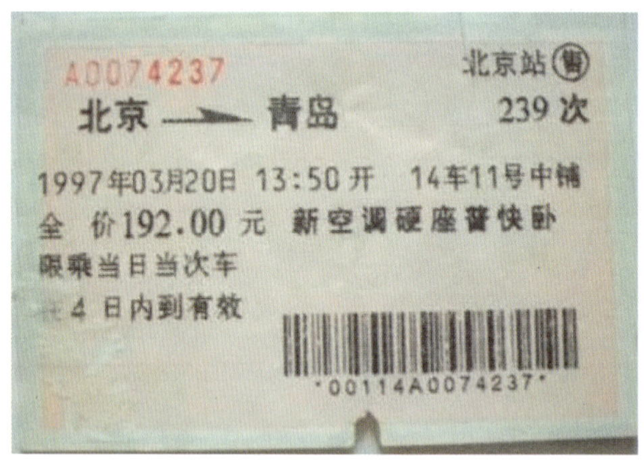

图 1–35 红底软纸车票（短条形码）

1997 年版的统一票样的计算机软纸客票采用短条形码，删除了左下角“身份证”字样。发售此种统一票样客票的软件为客票发售和预订系统统一应用软件 2.0 版，值得一提的是，当时实现了区域范围内联网售票。

（3）2000 年，客票发售和预订系统统一应用软件 4.0 版开始发售红底软纸车票（长条形码），这种长条形码车票可以容纳更多的信息，更为重要的是，此时已实现了全国范围内铁路联网售票。红底软纸车票（长条形码）如图 1–36 所示。

图 1–36　红底软纸车票（长条形码）

4）磁介质车票

（1）早期红底磁介质车票。

2007 年 4 月，随着技术的进步，铁道部决定逐步推行磁介质车票。2007 年 7 月 1 日，上海站、上海南站、南京站和杭州站首次发售试用性的磁介质车票（红底），试行刷卡乘车。

早期红底磁介质车票如图 1–37 所示。

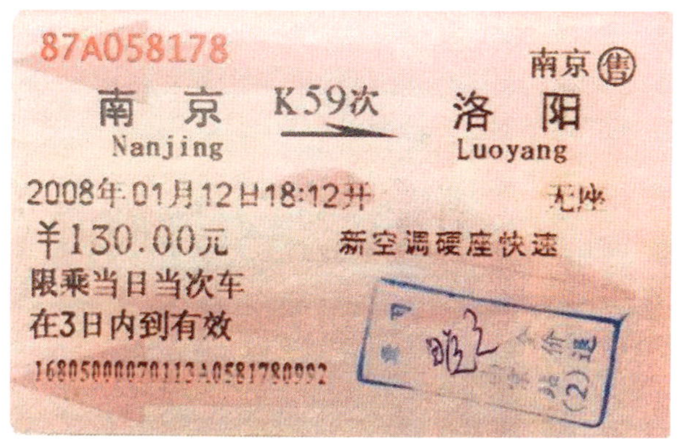

图 1–37　早期红底磁介质车票

（2）蓝底磁介质车票。

2008 年 8 月 1 日，京津城际铁路开通运营，并正式使用蓝底磁介质车票，客票发售和预订系统统一应用软件 5.0 版开始发售这种正式使用的磁介质车票。这种蓝底磁介质车票与之前的软纸车票相比，硬度更高，票面正面的印刷内容包括车次、座位号、票价，以及乘车人信息等，背面则印有一些乘车相关须知。红底软纸车票和蓝底磁介质车票这两种车票形式共同使用了很多年，直到电子客票全面推广后，才淡出了历史的舞台。

红色底纹的软纸车票在电子客票大范围推广后，其设计风格等元素被列车上发售的补票所沿用。蓝色底纹的磁介质车票在电子客票大范围推广后，其材质、设计风格等元素被电子客票的报销凭证所沿用。而两者作为常规车票的载体，已经完成了历史使命。

5）电子客票

（1）电子客票推广使用前的技术准备与铺垫性工作。

① 2009 年 12 月，铁路车票新增二维码防伪标记。

印有二维码防伪标记的铁路车票如图 1–38 所示。客票信息条形码改为二维码，提高了数据采集和信息处理的速度。

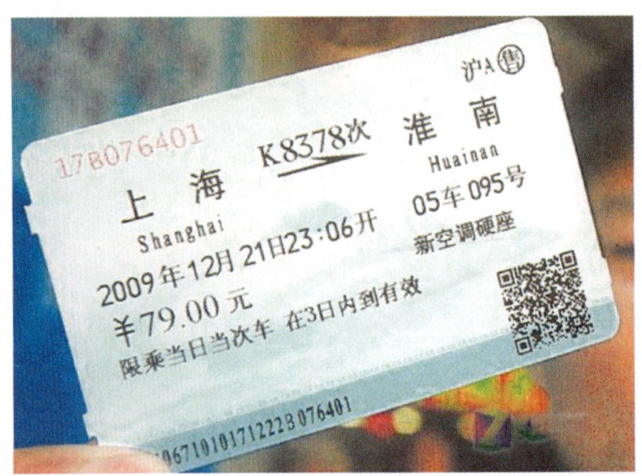

图 1–38 印有二维码防伪标记的铁路车票

② 2010 年 1 月 3 日，中国铁路开始试点实施火车票实名制。早期实名制铁路车票如图 1–39 所示。

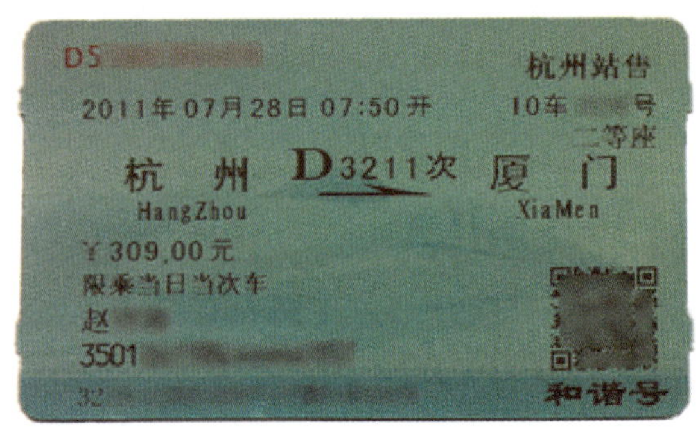

图 1–39 早期实名制铁路车票

③ 2011 年 6 月 12 日，京津城际铁路开始试行网络售票。2011 年底，全国铁路全面推行网络售票，中国铁路开始走进电子商务时代。2011 年 6 月，“刷身份证进站”的无票时代来临，在京津城际、京沪高铁等铁路线路上，只要带着二代身份证就能在自动检票闸机上刷证直接进出站。

④ 2013 年，中国铁路 12306 手机 App 售票功能上线。中国铁路迈进移动互联网电子商务时代。

⑤ 2018 年，部分车站实现了刷二代身份证核验和进出站。

（2）电子客票的推广。

在进行了充足的技术准备和一系列铺垫性工作后，电子客票具备了上线推广的条件。

① 2018 年 11 月，电子客票开始在海南环岛高铁试点运用。

② 2019 年 7 月，电子客票试点工作扩大至上海至南京、成都至重庆、广州至珠海（湛

江西)、昆明至大理至丽江 4 条城际线路。从 2019 年第 4 季度开始，电子客票在全国高铁和城际线路大范围推广实施。

③ 2020 年 4 月 29 日，电子客票在高铁和城际线路范围内实现了全覆盖。

④ 2020 年 6 月 20 日，电子客票在全国普速线路推广实施，覆盖 1 300 多个普速铁路车站。此次推广实施后，全国铁路共有 2 400 多个车站办理电子客票业务，覆盖了 95%以上的铁路出行人群。

截至 2020 年 9 月，电子客票应用于全国铁路，全国 2 686 个车站可办理电子客票业务，涉及 9 000 多趟列车，覆盖了 99%以上的铁路出行人群。

（3）电子客票的创新。

计次票、定期票是铁路部门为满足长期或短期固定区间频繁出行的商务或通勤旅客需求，依托铁路电子客票，推出的“有效期内可随时出行、开车前可随时预约席位、未启用可随时退款”的新型票制产品。

计次票、定期票持有者可在规定的有效期内，乘坐规定次数的、购买产品时指定发到站及席别的列车。例如在购买计次票后的 30 日内开始使用，有效期为自开始使用之日起 90 天，可乘坐 20 次指定发到站（含同城车站）间的各次动车组列车；购买定期票后，在首次乘车后的 30 日内，最多乘坐 60 次指定发到站（含同城车站）间的各次动车组列车。计次票、定期票具有灵活便捷、经济实惠的特点。2020 年 12 月 24 日京沪高铁计次票、成渝高铁计次票和定期票同时推出；2021 年 4 月 30 日，南广高铁也推出计次票，受到旅客欢迎。

学习点拨

铁路车票经历了一个从无到有的过程，现在又在经历一场从有到无的改变，而这一切都是顺应时代发展，以人为本的表现。推动这些改变的动力是科技的进步。

知识技能模块 2

电子客票基础知识

模块导入

目前全渠道销售的电子客票占铁路总售票数的99%，电子客票已经成为铁路车票的绝对主流，铁路涉票职业岗位的能力要求都将以电子客票为主线展开，本知识技能模块在学习完知识技能模块1“铁路车票基础知识”的基础上，对铁路车票的主流形式——电子客票的基础知识进行介绍，为之后售票、退票、改签等知识技能模块的学习做好知识储备。本知识技能模块具有承上启下的作用，应认真学习。

思政课堂

电子客票：铁路落实新发展理念的又一举措

电子客票，抛却了传统纸质票的形式，以电子数据为载体，实现乘客购票后使用二代身份证等证件代替纸质票乘车。电子客票的推广应用，是铁路落实新发展理念的又一举措，是铁路积极进行技术创新的新成果，是铁路努力提高服务品质的新步伐。

电子客票的应用推广，充分体现了铁路部门“人民铁路为人民”的服务宗旨，把共享发展理念落到了实处。推广电子客票，打通了互联网与车站窗口的服务渠道，有利于推行旅客自助化实名验证、自助化验票等无干扰服务；旅客持购票时所使用的有效身份证件原件即可快速、自助进站检票乘车，减少了排队取票环节，通过闸机用时更少；当旅客遇到特殊情况时，无论通过哪个渠道购买的车票，都可以在互联网自助办理退票或改签，在方便旅客的同时，也有效减轻了车站窗口人员的工作压力；丢失车票、挂失车票、贩卖假票等问题也将得到解决，让旅客出行变得轻松、愉快。这是铁路部门解决人民最关心、最直接、最现实的利益问题，提高公共服务共建能力和共享水平，便民、利民的又一项重要之举。

推广电子客票，充分体现了铁路部门对于生态文明建设和环境保护的责任担当，把绿色发展理念落到了实处。“绿水青山就是金山银山”，在环保越来越深入人心的当下，推广电子客票符合绿色环保的发展理念。有网友曾经做过这样一个计算：按平均每人一年购票 5 次，全国每年会有约 70 亿张火车票售出，每张票 0.005 kg，一年下来用纸 35 000 t。根据有关数据显示，制造 1 t 纸，需砍伐 17 棵树龄 4 年的大树。铁路客票无纸化，减少数以亿计的纸质车票的印制，减少车票使用后和因退票改签产生的废票数量，既降低损耗又减少污染，为社会节约了更多的资源，让绿色环保的生活方式深入人心。

电子客票应用推广，充分体现了铁路与科技的融合，充分体现了铁路部门把创新发展理念落到了实处。从 20 世纪初开始发行的硬纸板式车票，到 1996 年的软纸车票，到 2007 年的磁介质车票，再到如今的无纸化“电子客票”，铁路在小小火车票上的一代代的创新改革，一步步的引领发展从未停止。随着铁路“互联网+”建设的日趋成熟，“大数据”等“黑科技”正悄然改变着人们的出行方式。电子客票表面上只是减少了一张纸质车票，实际上却依托了安全稳定的铁路信息化系统、数以万计的自动取票机、验票机及手持票务系统等新一代客服设备提供的硬件支持，以及铁路售票组织、客运服务流程升级的环境支撑。这些凝聚着无数铁路人孜孜不倦的探索、艰辛的付出、严谨细致的创新。

民之所望，企之所向。电子客票的推广应用是铁路高质量发展和服务旅客的生动实践，也是中国铁路迈向现代化、智能化，不断创新的缩影。铁路部门响应国家号召，听民声、接地气，把“创新”“绿色”“共享”的发展理念落到实处。如果说“复兴号”高铁的投入使用为“交通强国、铁路先行”提供了底气，电子客票的推广使用，使铁路部门更加坚定了高质量发展的决心和勇气，相信铁路部门通过不断改善便民举措，必将最大限度让广大旅客充满获得感和幸福感。

（改编自中华铁道网 2019 年 11 月 18 日文章
《电子客票：铁路落实新发展理念的又一举措》，作者：胡子玥）

工作任务 2.1　掌握铁路电子客票基础知识

职业能力 2.1.1　明确铁路电子客票的概念与特征

1. 电子客票的概念

《铁路旅客电子客票暂行实施办法》对铁路电子客票（以下简称电子客票）的定义为：以电子数据形式体现的铁路旅客运输合同的凭证。

旅客凭乘车人有效身份证件，通过 12306.cn 网站（含 12306 手机 App，下同）或办理电子客票业务的车站和铁路客票销售代理点购买铁路电子客票。

研读规章
认真学习《铁路旅客电子客票暂行实施办法》(铁客〔2020〕105 号)。

2. 电子客票的特征

1）运输合同电子化

铁路旅客运输合同是明确承运人与旅客之间权利义务关系的协议。铁路旅客运输合同的基本凭证是车票。

电子客票是一种电子化的运输合同，承载了铁路运输服务所关联的诸多要素信息，是推动智能客运发展的重要载体，是客运服务继互联网售票后推出的又一创新性举措。电子客票与纸质车票具有同等的法律效力。电子客票是铁路旅客运输合同的电子形式，是旅客运输的电子记录，是电子形式的记名有价证券。

电子客票的运输合同起止时间规定如下：自动检票闸机、车站手持移动和半自助检票终端在识读旅客身份证件时所做的检票记录分别作为铁路旅客运输合同运送期间的起、止。

2）乘车凭证无纸化

从某种意义上说，电子客票是无纸化车票，是纸质车票的电子形式。旅客通过网络购票成功后，售票系统发送乘车提示短信，若关注了中国铁路 12306 微信公众号（小程序）还会收到微信推送的行程信息提示。旅客也可以自行下载行程信息提示(视需要自行打印)。车站售票窗口、自动售票机、铁路客票销售代理点在向旅客发售电子客票后，提供行程信息提示，也不再出具纸质车票。旅客凭购票时使用的有效身份证件进站乘车，乘车凭证实现了无纸化。

3）报销凭证电子化

纸质车票除作为乘车凭证使用外，还是国家法定发票，电子客票全面推广后，需要报销的旅客，可以凭购票时使用的有效身份证原件，到车站售票窗口，自动售、取票机换取报销凭证（国家法定发票）。报销凭证注有“仅供报销使用”字样，不能作为乘车凭证。报销凭证电子化后，按需打印，节约了自然资源。

职业能力 2.1.2　了解推广电子客票的意义

推广电子客票是中国铁路实现客运提质目标的一项基础性工程。

（1）对于整个社会而言，推广电子客票，绿色环保，优化了流程，减少了糜耗，促进了社会整体运行效率的提升。据统计，仅 2019 年春运，中国铁路就售出 3.83 亿张车票，全年售票量更是惊人，若依然全部使用纸质车票，每年的资源消耗非常大，电子客票全面替代纸质车票后，将不再产生大量纸质票，每年为我国节约大量的资源。电子客票优化了铁路运输服务流程，减少了一些步骤，节约了时间成本，降低社会运转成本的同时，提高了社会运转效率。电子客票在一定程度上还规避了倒卖车票、制售假票等社会问题。

（2）对于铁路企业而言，推广电子客票是提高铁路企业组织效率，降低运营成本的必然选择。推行电子客票使铁路运输服务流程更精减。铁路依托电子客票还可以提供更多个性化、多样化、差异化的服务，在与其他交通运输方式的竞争中，优势更加明显。由于推行电子客票，开放了旅客自助办理购票、改签、退票等功能，节约了铁路企业的人力成本，遇突发事件，还能有效减轻窗口退票、改签的压力，有利于安全生产。

（3）对于旅客而言，推广电子客票让人民群众获得了更美好的旅行体验。电子客票是铁路企业便民服务措施之一，电子客票“无纸化”“电子化”的特征，使旅客可以通过互联网订购车票，加之售票范围扩大至城乡的银行、邮局等网点，形成了“智能手机+便捷网点”的新模式，使车票问题已不成“困扰”；由于实现了“刷脸”“刷身份证”“刷二维码”直接进站乘车，旅客出行省去取票环节，拿着身份证和手机直接“刷”闸机进站，这种新的流程让旅客切身体会到没有“最快”，只有“更快”。

电子客票对铁路客运生产组织流程的再造如图 2–1 所示。

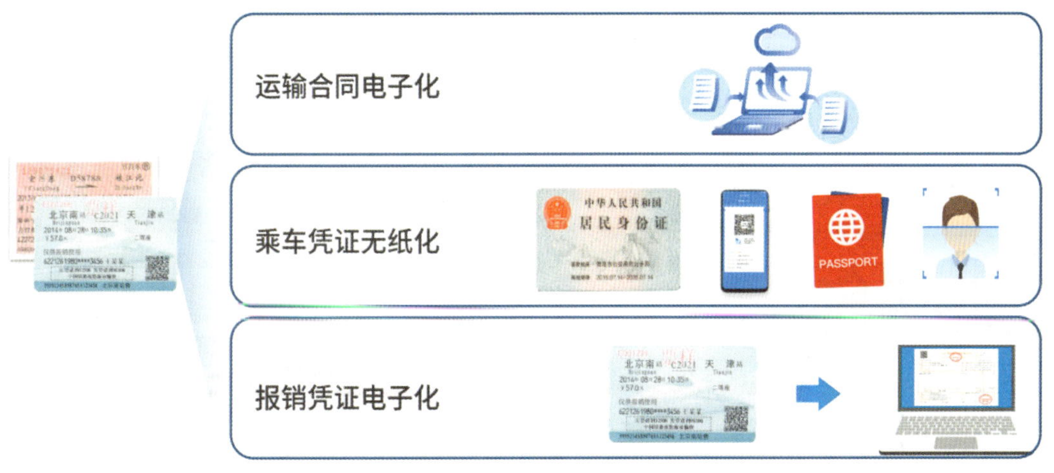

图 2–1　电子客票对铁路客运生产组织流程的再造

截至 2020 年 9 月，电子客票全面应用于铁路系统后，覆盖了 99%以上的铁路出行人群；累计节约票纸 15.38 亿张，节约运营成本 3.84 亿元，预计从 2021 年开始，每年可节约票纸成本 6.6 亿元，还可以节约大量潜在的纸票设备采购、维护、管理和人力成本。检票闸机平均检票速度由原来的 3.8 s/人缩短到 1.3 s/人，中国铁路电子客票项目与航空电子客票项目及其他国家铁路电子客票项目的对比分析如表 2-1 所示。

表 2-1　中国铁路电子客票项目与航空电子客票项目及其他国家铁路电子客票项目的对比分析

序号	对比项目	中国铁路电子客票	航空电子客票	德国铁路电子客票	日本铁路电子客票	对比结果
1	电子化程度	全业务 电子化办理	购票电子化 登乘部分电子化	线上渠道采用实名制，以发售电子客票为主；线下渠道采用非实名制，以发售纸质车票为主		中国铁路电子客票更彻底
2	便利化程度	线上线下一体化 载体更丰富	线下购买的机票/车票，仅能在线下办理变更业务，线上无法办理变更 乘车凭证相对单一			中国铁路电子客票更便利
3	惠及范围	40 亿人次	全球 43 亿人次 国内 6.1 亿人次	25.6 亿人次	6.6 亿人次	中国铁路电子客票更广泛
4	自助化环节	售、取、验、检、退、制证	值机、检	售、检	售、检	中国铁路电子客票更高效

职业能力 2.1.3　熟悉电子客票的技术方案

1. 电子客票成套技术方案及应用体系

电子客票成套技术方案及应用体系示意图如图 2-2 所示。

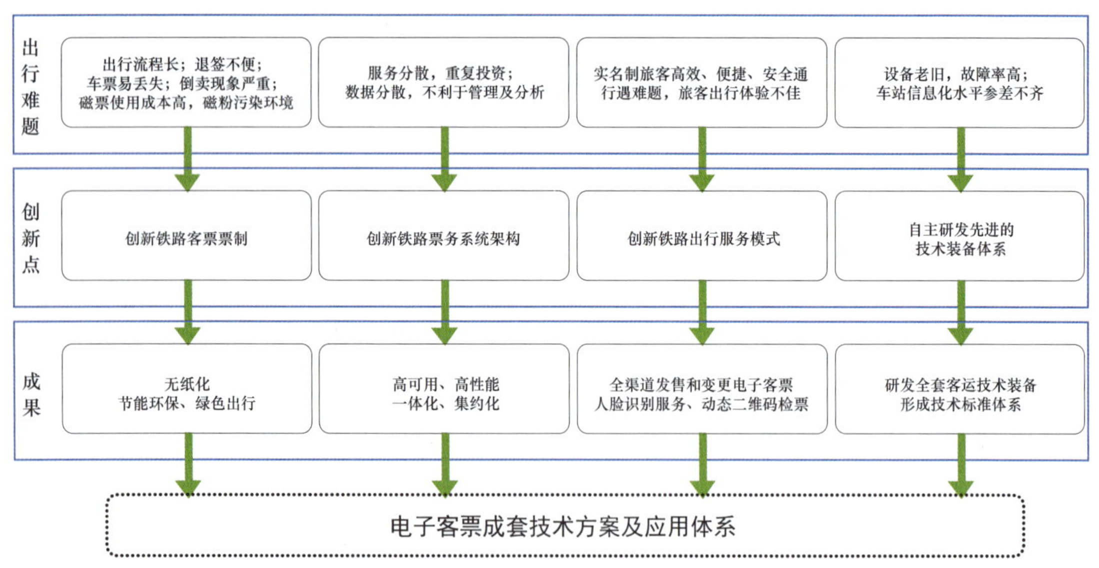

图 2-2　电子客票成套技术方案及应用体系示意图

2. 铁路客运组织生产流程再造

电子客票成套技术是根据铁路客运组织生产流程再造后的新流程为纲进行研制开发的。铁路客运组织生产流程再造如图 2-3 所示。

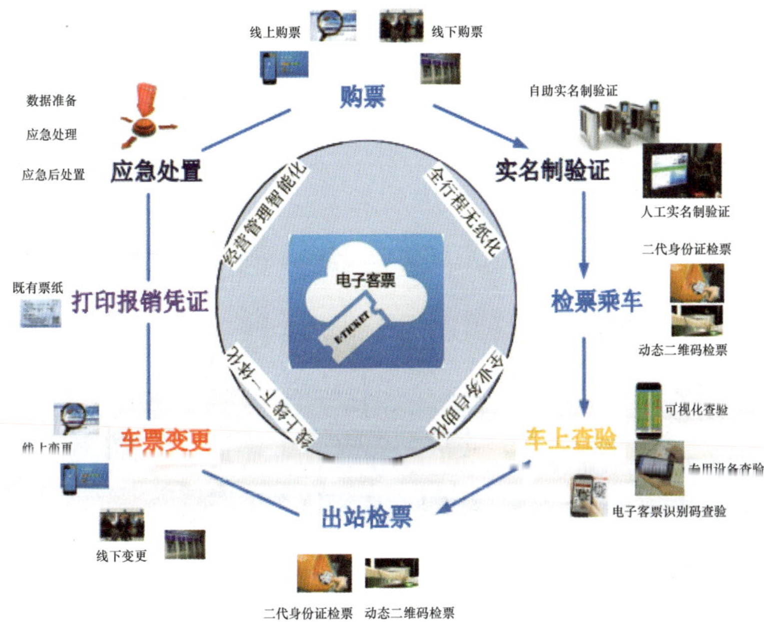

图 2–3　铁路客运组织生产流程再造

以电子客票的使用为主线的铁路客运组织生产流程再造过程将在工作任务 2.3“认知电子客票的使用”中进行具体介绍。铁路客运组织生产流程再造后，形成了全新的铁路客运服务框架，实现了绿色出行无纸化、业务办理一体化、全程出行智能化、客运装备标准化。这其中的关键性、基础性工程是实名制验证制度的实施（铁路车票实名制查验规定将在工作任务 2.2“认知铁路旅客车票实名制管理”中进行具体介绍）。

3. 电子客票成套技术方案体系

1）自主研发了旅客服务记录数据模型

旅客服务记录数据模型——旅客行程服务记录单（passenger service record，PSR）实现了多维融合、双向寻址的实名制旅客全行程信息线上线下一体化高效处理，实现海量数据下的高效验检票。PSR 技术示意图如图 2–4 所示。

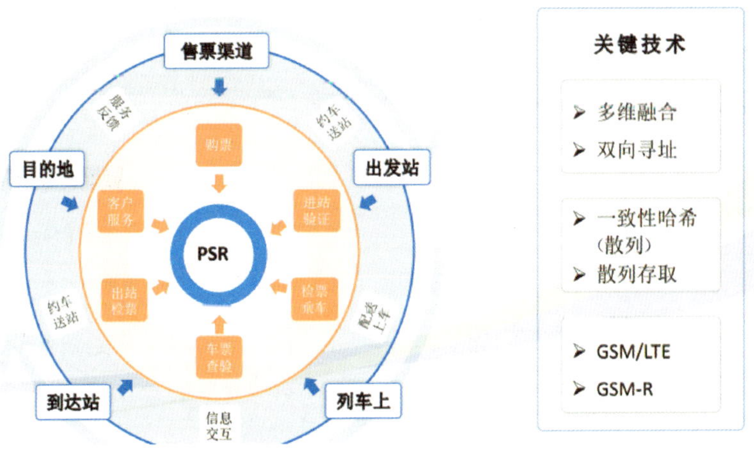

图 2–4　PSR 技术示意图

2）构建了国铁集团级电子客票云服务平台

国铁集团级电子客票云服务平台是由 1 个总部中心、18 个地区中心、3 000 余个车站终端构成的庞大体系。电子客票云服务平台系统架构图如图 2–5 所示。

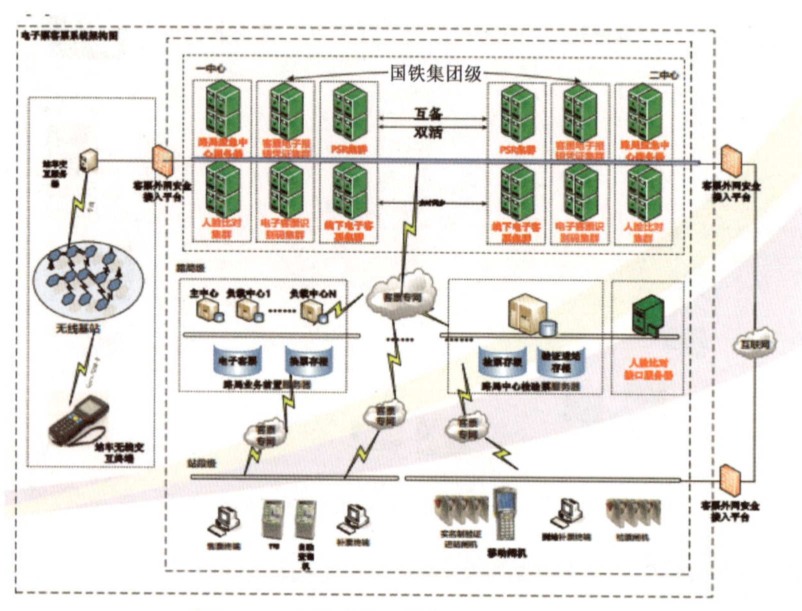

图 2–5 电子客票云服务平台系统架构图

3）全新设计了基于 4G 物联网的电子客票无线应用架构

中国铁路创造了运行列车与地面间高速度、长距离、大密度、低延时的大规模无线实时作业成功案例。基于 4G 物联网的电子客票无线应用架构示意图如图 2–6 所示。

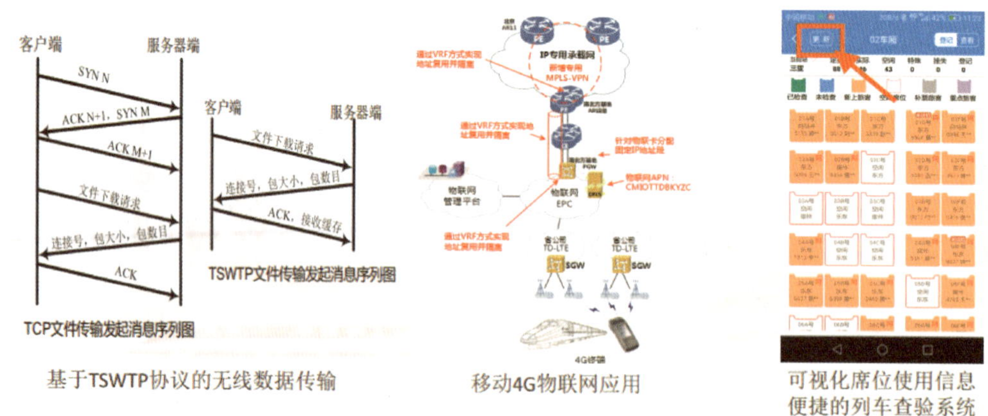

图 2–6 基于 4G 物联网的电子客票无线应用架构示意图

在基于 4G 物联网的电子客票无线应用架构下，依托 15 万台全路无线作业终端，实现了日均在线电子客票补票交易量 6 000 次、移动检票 50 万次。

4）构建了基于人像识别的铁路自助核验应用模式

基于人像识别的铁路自助核验应用模式如图 2–7 所示。

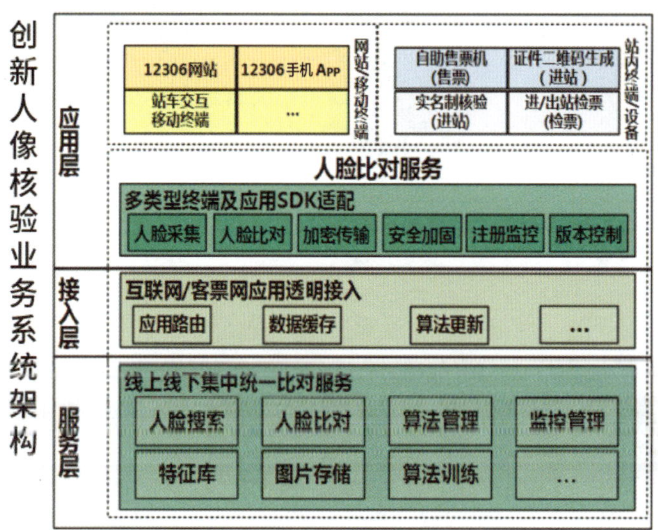

图 2-7　基于人像识别的铁路自助核验应用模式

基于人像识别的铁路自助核验应用模式实现了核验系统运行更智能、旅客进站出行更智能、核验终端比对更智能。目前全路共有 9 800 多台线下终端接入人脸平台统一管理，累计核验服务 15 亿人次，线下日均人脸比对 224 万次，平均通过率 88.6%；线上日均人脸比对 31 万次，平均通过率 92.6%。

5）首次构建了国铁集团级通用电子识别码平台

国铁集团级通用电子识别码平台（见图 2-8）实现了以手机动态二维码作为铁路电子客票载体。

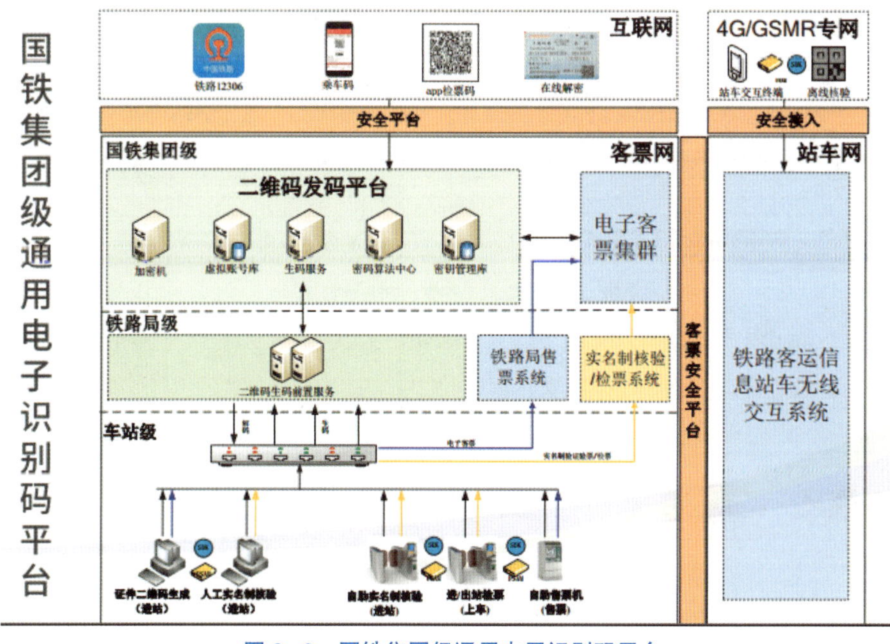

图 2-8　国铁集团级通用电子识别码平台

目前全路接入了可识别二位码的终端超过 6 万个，使用二维码的用户超千万人。

6）攻克了大客流条件下实名制验检处理技术

要创新铁路客票验检新模式，必须攻克日均千万大客流条件下实名制验检毫秒级处理技术。大客流条件下实名制验检处理技术示意图如图 2-9 所示。

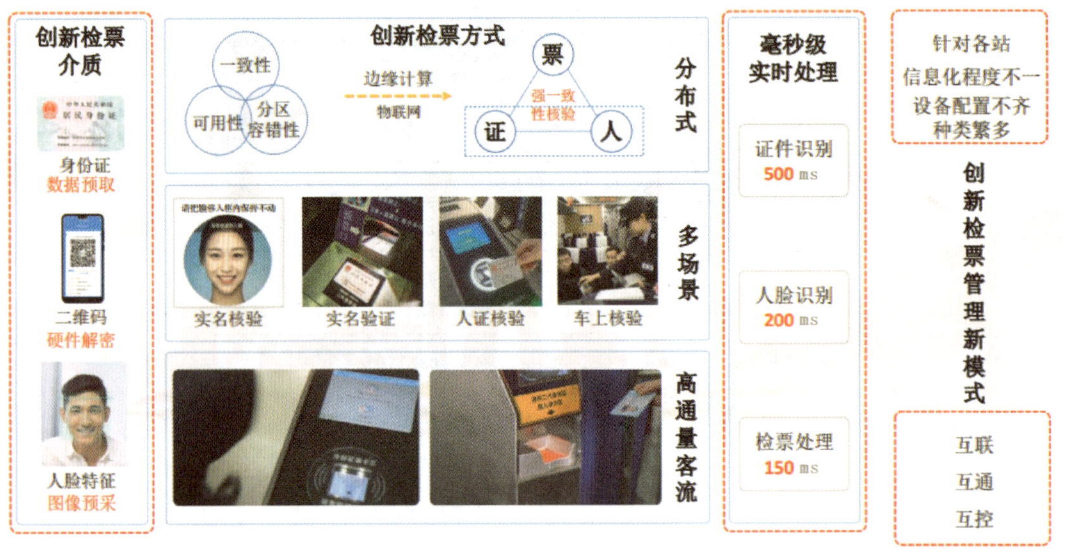

图 2-9　大客流条件下实名制验检处理技术示意图

7）自主研发了异构高速同步、分布式内存计算和多级缓存技术

通过异构高速同步、分布式内存计算和多级缓存技术，实现了电子客票的全渠道发售和跨渠道变更。

异构高速同步、分布式内存计算和多级缓存技术示意图如图 2-10 所示。

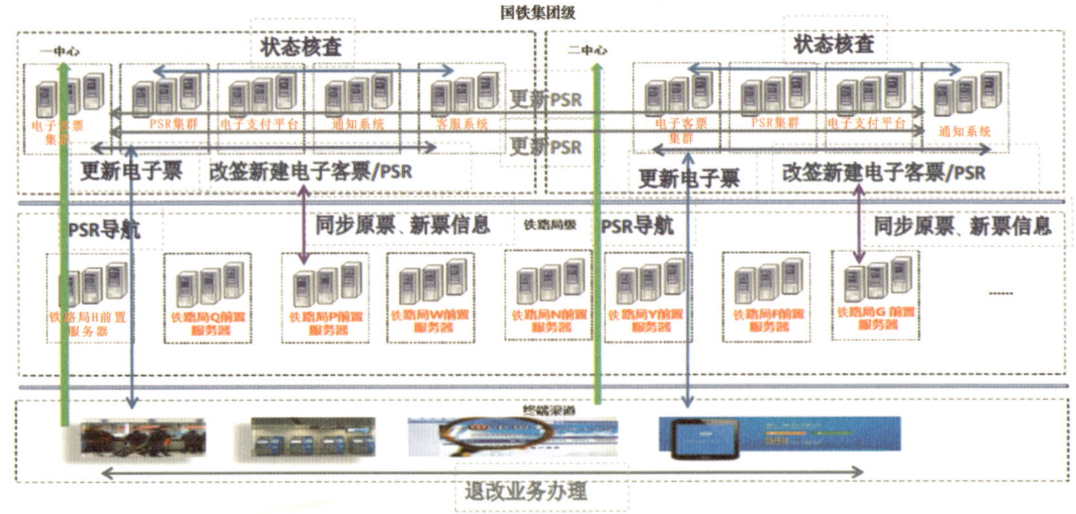

图 2-10　异构高速同步、分布式内存计算和多级缓存技术示意图

8）研发了具有完整自主知识产权的成套电子客票售检票设备

成套电子客票售检票设备（见图 2-11）是电子客票成套技术的硬件保障，是电子客票成套技术的实现基础。

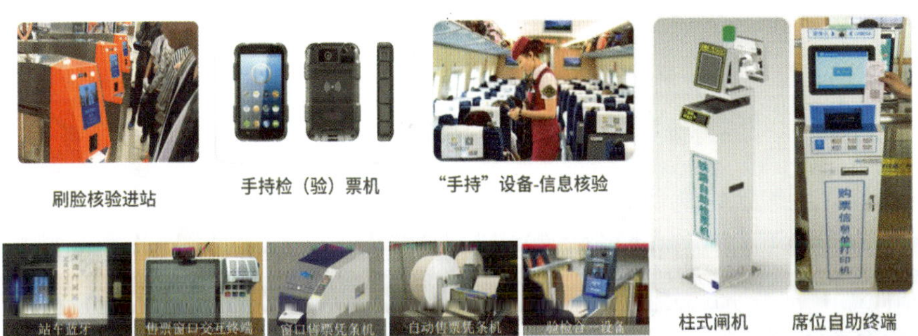

图 2-11　成套电子客票售检票设备

综上，中国铁路建立健全了电子客票技术装备成套标准体系（见图 2-12），其中含行业标准 1 项，国铁集团级技术条件 7 项。

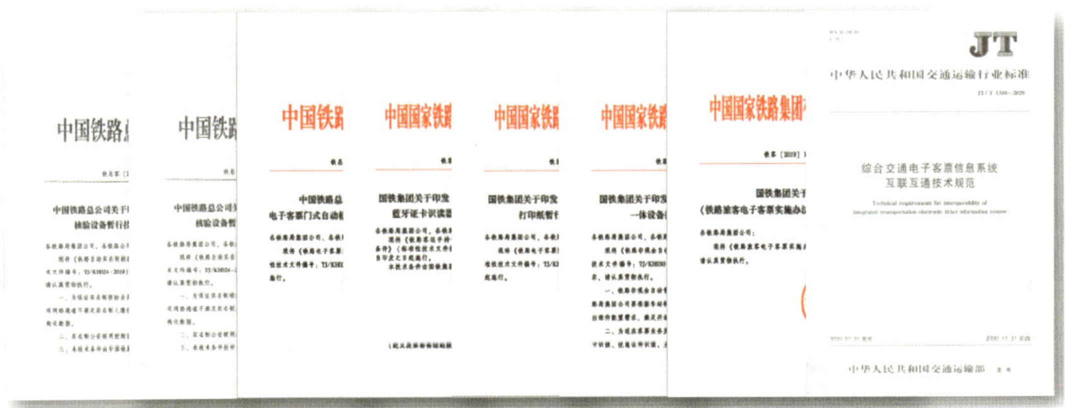

图 2-12　电子客票技术装备成套标准体系

工作任务 2.2　认知铁路旅客车票实名制管理

职业能力 2.2.1　明确车票实名制管理的概念和具体规定

1. 车票实名制管理的概念

车票实名制管理的概念包括两个部分，一个是车票实名购买，另一个是车票实名查验。

1）车票实名购买

车票实名购买是指购票人凭乘车人的有效身份证件购买车票或者铁路运输企业凭乘车人的有效身份证件销售车票。

2）车票实名查验

车票实名查验是指铁路运输企业对实行车票实名购买的车票记载的身份信息与乘车人及其有效身份证件原件（以下简称“票、人、证”）进行一致性核对的行为。

2010 年的春运，广铁集团、成都铁路局开始试行车票实名制。2011 年 6 月 1 日，动车组列车开始实行车票实名制。从 2012 年元旦起，全国所有旅客列车实行车票实名制。从 2012 年 5 月 10 日起，实名制车票如果丢失可以挂失补办。

2. 铁路旅客车票实名制管理的法律法规依据

1）铁路安全管理条例

2014 年 1 月 1 日，《铁路安全管理条例》正式施行，第六十四条明确规定：铁路运输企业应当按照国务院铁路行业监督管理部门的规定实施火车票实名购买、查验制度。

2）铁路旅客车票实名制管理办法

《铁路旅客车票实名制管理办法》经 2014 年 11 月 15 日中华人民共和国交通运输部第 12 次部务会议通过，2014 年 12 月 8 日以中华人民共和国交通运输部令（2014 年第 20 号）公布，该办法共 18 条，自 2015 年 1 月 1 日起施行。

研读规章

认真学习《铁路旅客车票实名制管理办法》（交通运输部令 2014 年第 20 号）。

3. 铁路旅客车票实名制管理的具体规定

（1）在车站窗口购票时，购票人应当提供乘车人的有效身份证件原件或者复印件。通过互联网、电话等方式实名购票的，购票人应当提供真实准确的乘车人有效身份证件信息；取票时，应当提供乘车人的有效身份证件原件或者复印件。

不能提供有效身份证件原件或者复印件的，铁路运输企业有权拒绝销售车票。

（2）实行车票实名制管理的车站及列车，乘车人进站乘车时应当出示车票和本人有效身份证件原件。铁路运输企业应当对车票记载的身份信息、乘车人及其有效身份证件原件进行核对，对拒不提供本人有效身份证件原件或者票、人、证不一致的，以及使用铁路电子客票或者铁路乘车卡，人、证不一致的，铁路运输企业有权拒绝其进站乘车。

（3）无法出示有效身份证件原件的旅客，应当到公安机关办理旅客进站乘车的临时身份证明。铁路运输企业应当为公安机关办理旅客临时身份证明提供场所及必要办公条件。

（4）实行车票实名制管理所需的有效身份证件应当符合法律、行政法规和国家有关规定，具体种类由铁路运输企业向社会公布（车票实名制管理所需的有效身份证件在职业能力 2.2.2“认知电子客票购票和乘车证件”中进行具体介绍）。

（5）铁路运输企业登记、查验旅客身份信息，应当符合法律、行政法规和国家有关规定要求。铁路运输企业及其工作人员对实施车票实名制管理所获得的旅客身份信息及乘车信息应当予以保密。铁路运输企业工作人员窃取、泄露旅客身份信息的，由公安机关依法处罚；构成犯罪的，依法追究刑事责任。

（6）铁路运输企业在实行车票实名制管理过程中，发现扰乱站车秩序或者危及人身安全的行为，应当制止并报告公安机关。

（7）铁路监管部门应当对铁路运输企业落实车票实名制管理制度情况加强监督检查，依法查处违法违规行为。铁路运输企业及其工作人员违反有关车票实名制管理规定的，铁路监管部门应当责令改正。

（8）铁路运输企业应当针对客流高峰、恶劣气象及设备、系统、网络故障等特殊情况下车票实名制管理的特点，制定有效的应急预案（电子客票应急预案将在知识技能模块 6 中进行介绍）。

职业能力 2.2.2　认知电子客票购票和乘车证件

1. 购票和乘车证件介绍

应凭乘车人有效身份证件原件或复印件购买车票，并持车票及购票时所使用的乘车人本人有效身份证件原件进站、乘车，但免费乘车的儿童及持儿童票的儿童除外。有效身份证件包括 25 种，1.5 m 以上 16 岁以下未成年人有效身份证件还包括学生证。以下介绍主要的有效身份证件类型。

（1）居民身份证。

居民身份证包括中华人民共和国居民身份证、中华人民共和国港澳居民居住证、中华人民共和国台湾居民居住证、中华人民共和国外国人永久居留身份证 4 种。为了提高购票、验证速度，建议中国公民使用居民身份证购票。以上 4 种证件不仅可用于窗口购票，还可以用于网络购票。

中华人民共和国居民身份证如图 2–13 所示。

图 2-13 中华人民共和国居民身份证

中华人民共和国港澳居民居住证、中华人民共和国台湾居民居住证如图 2-14 所示。

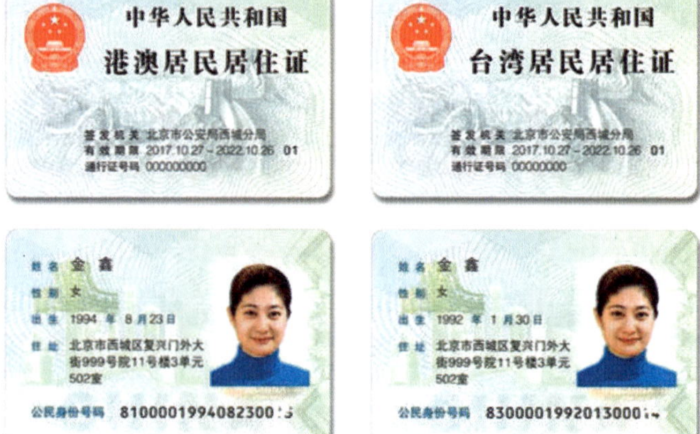

图 2-14 中华人民共和国港澳居民居住证、中华人民共和国台湾居民居住证

中华人民共和国外国人永久居留身份证（见图 2-15），简称外国人永久居留身份证。

图 2-15 中华人民共和国外国人永久居留身份证

（2）临时身份证（见图 2–16）。

临时身份证，全称中华人民共和国临时居民身份证，是中华人民共和国内地公民在申请领取、换领、补领居民身份证期间可以申请领取的公民身份证明文件。临时身份证的有效期限为三个月，有效期限自签发之日起计算。

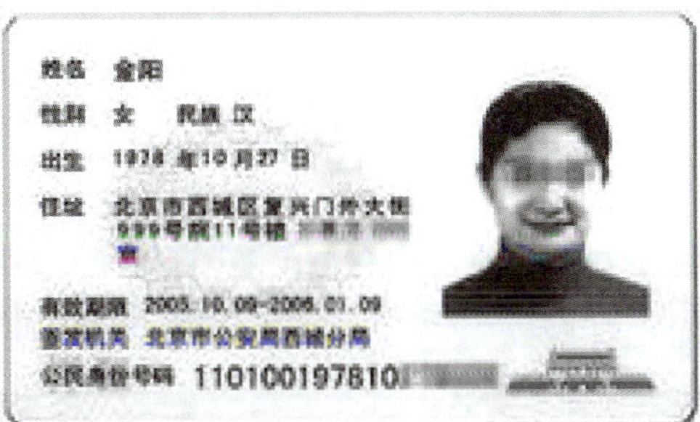

图 2–16　临时身份证

（3）户口簿（见图 2–17）。

户口簿是我国公民的重要证件，其由中华人民共和国公安部制，是用于登记住户人员的姓名、籍贯、出生年月日、具体职称、职业等内容的簿册。在上学、结婚、领取护照，以及办理很多重要事情时均需使用。户口管理的基本任务是：维护社会秩序，保护公民的权利和利益，服务社会主义建设，这也同样是我国户口登记制度的目的和作用。居民户口簿具有证明公民身份状况及家庭成员间相互关系的法律效力。户口簿不可用于网络购票。

图 2–17　户口簿

（4）旅行证（见图 2–18）。

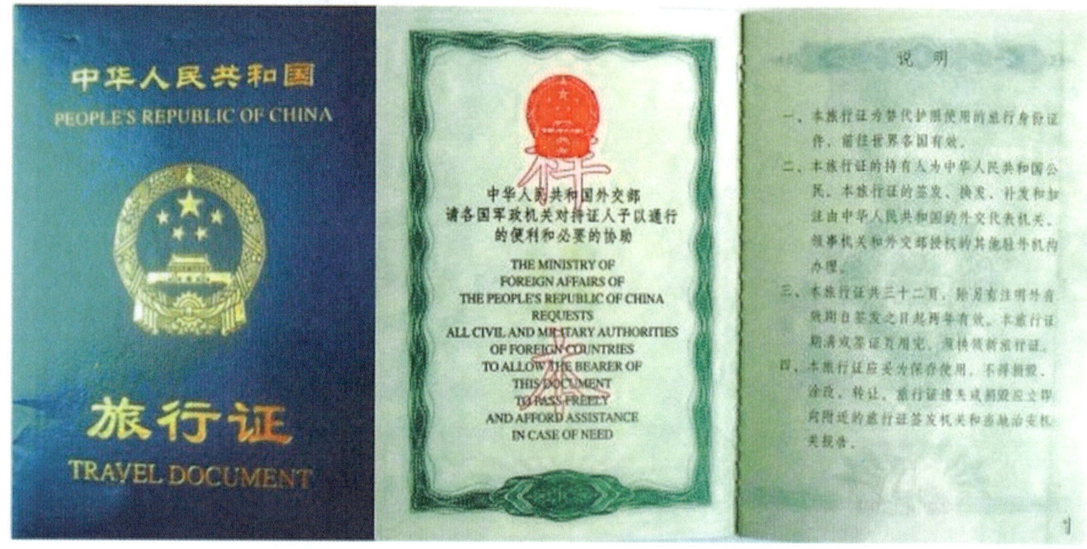

图 2–18　旅行证

中华人民共和国旅行证，简称旅行证，有一年一次有效和两年多次有效两种版本，一般常见的为两年多次出入境有效的旅行证。中华人民共和国旅行证为中华人民共和国护照的替代证件，通常颁发给下列几类中华人民共和国公民：

① 临时出国，护照遗失、被盗抢、损毁、过期，而急于回国的中国公民；

② 紧急情况下来不及申办护照的中国公民；

③ 未持有“港澳居民来往内地通行证”，而需赴内地的中国籍港澳居民；

④ 未持有“台湾居民来往大陆通行证”，而需赴大陆的中国籍台湾居民；

⑤ 部分情况特殊的中国籍未成年人（父母双方或一方为中国公民，本人出生在外国，具有中国国籍，前往中国时应申办中国旅行证件，中华人民共和国旅行证取代了 1951—1990 年 4 月签发的归国证明书。父母双方或一方为中国公民并定居在外国，本人出生时即具有外国国籍的，不具有中国国籍，前往中国时应申办中国签证）。

从 2012 年 4 月 5 日起，车票实名制“有效身份证件”种类新增“中华人民共和国旅行证”，旅客在各车票代售点及车站窗口购买车票时均可使用，但在互联网购票及电话订票时，暂时不能使用这一证件。

（5）军人保障卡（见图 2–19）。

军人保障卡是指利用现代信息技术，存储军队人员个人基本信息和后勤业务信息，实现供应保障、身份确认等功能的专用智能卡，具有持卡发薪、持卡消费、持卡就医、持卡供装等多项业务功能，是我军军人保障模式的一项历史性变革。

第二代军人保障卡于 2017 年 12 月 1 日起，在全军全面推广应用，武警部队的军人保障卡同步启动升级换代工作。

军人保障卡，为非接触芯片、银行磁条合一卡。

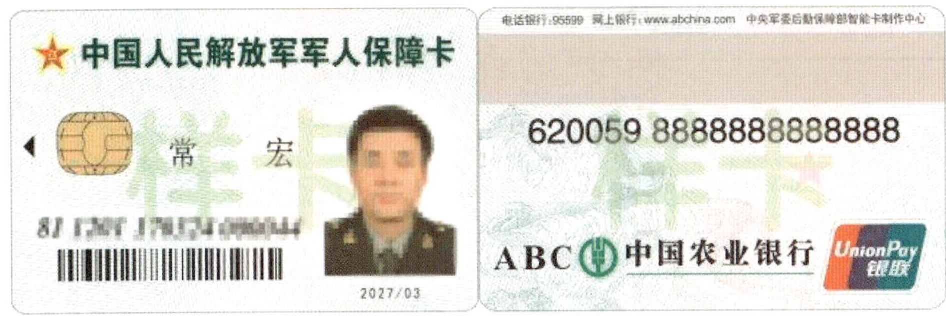

图 2-19　军人保障卡

（6）军官证。

中国人民解放军军官证，简称军官证，是配发给中国人民解放军军官的本芯式身份证件，于 1998 年 10 月开始使用，2016 年 7 月 1 日统一换发。其在证明军人干部身份、规范干部管理等方面发挥了重要作用。2016 式军官证如图 2-20 所示。

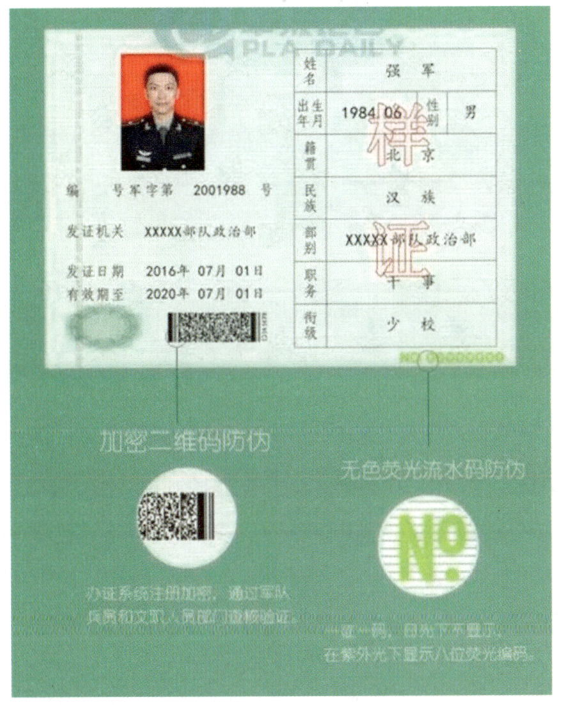

图 2-20　2016 式军官证

（7）武警警官证。

武警警官证是中国人民武装警察部队现役警官身份的证明，由武警部队政治部门发放并管理，分为警官证和文职干部证。武警警官证是武警警官表明身份的有效证明。武警警官证一般注明了持证人的姓名、出生年月、所在部队、武警警衔、职务、部别等，上有照片并加盖所属单位公章。根据全军统一安排，武警部队于 2016 年 7 月 1 日起，陆续为武警警官、文职干部、义务兵、士官、文职人员和职工统一换发 2016 式武警警官证。2016 式武警警官证封皮如图 2-21 所示，内芯样式和防伪技术与 2016 式军官证相似。

图 2-21　武警警官证

（8）士兵证。

士兵证全称为中国人民解放军士兵证，其号码为七位数，从左至右的前两位数是军级单位编号，其他五位数是中国人民解放军士兵证序号，由各大单位自行编排。号码前应当冠以各大单位的“冠字”头。中国人民解放军士兵证的内芯和封皮应配套使用。

（9）军队学员证。

军队学员证是我国军校中的学员所持有的学生证。军队学员证的使用范围与功能与军官证、士兵证是一样的，拥有同等的法律效力。军队学员证如图 2-22 所示。

图 2-22　军队学员证

（10）军队文职干部证。

军队文职干部证，全称为中国人民解放军文职干部证，是配发给按有关法规聘用到军队编制岗位工作的文职人员的本芯式证件，封皮颜色为暗红色，2014 年 1 月 1 日经中央军委批准开始使用，2016 年 7 月 1 日全军统一换发 2016 式中国人民解放军文职干部证。军队文职干部证如图 2–23 所示。

图 2–23　军队文职干部证

（11）军队离退休干部证。

军队离休、退休干部，是指移交政府安置的由民政部门服务管理的中国人民解放军和中国人民武装警察部队离休、退休干部。移交政府安置的军队离休、退休干部，为民族独立解放、国家和军队现代化建设作出了重要贡献，是党、国家和军队的宝贵财富。军队离退休干部证是军队离休、退休干部的身份证明。

（12）按规定可使用的有效护照。

护照是一个国家的公民出入本国国境和到国外旅行或居留时，由本国发给的一种证明该公民国籍和身份的合法证件。中国的护照分为外交护照、公务护照、普通护照和特区护照，普通护照又分公务普通护照和因私普通护照。中国公民护照是有效的购票、乘车证件。

中国公民因私普通护照如图 2–24 所示。

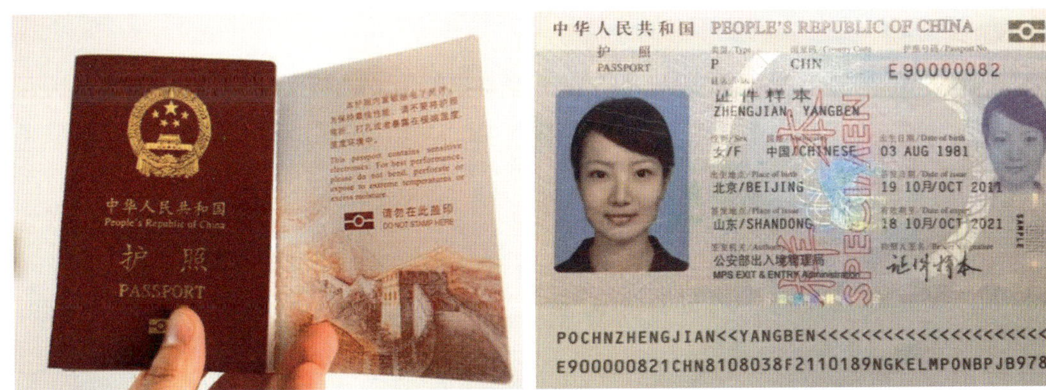

图 2–24　中国公民因私普通护照

外国护照是外国公民购买中国铁路车票的有效身份证件，也是其乘车证件。

外国护照如图 2-25 所示。

图 2-25　外国护照

（13）港澳居民来往内地通行证。

港澳居民来往内地通行证，俗称回乡证，由中华人民共和国出入境管理局（国家移民局）签发，是具有中华人民共和国国籍的香港特别行政区及澳门特别行政区居民来往中国内地所用的证件。港澳居民来往内地通行证如图 2-26 所示。

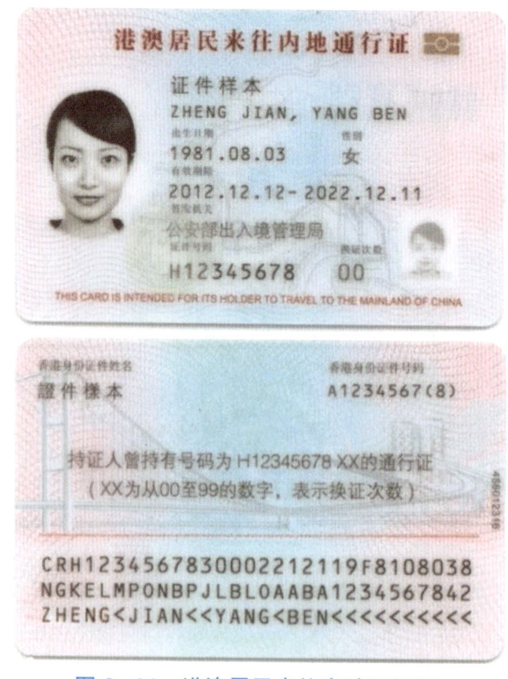

图 2-26　港澳居民来往内地通行证

（14）往来港澳通行证。

往来港澳通行证，全称为中华人民共和国往来港澳通行证，俗称双程证，是由中华人民共和国出入境管理局签发给中国内地居民因私往来香港或澳门地区旅游、探亲，从事商务、培训、就业、留学等非公务活动的旅行证件。往来港澳通行证如图 2–27 所示。

图 2–27　往来港澳通行证

（15）台湾居民来往大陆通行证。

台湾居民来往大陆通行证简称台胞证，是台湾地区居民来往大陆地区所持有的证件。台湾居民来往大陆通行证如图 2–28 所示。

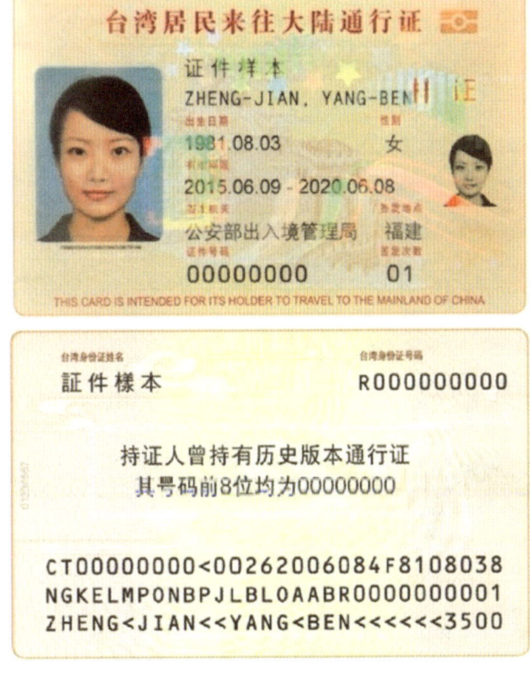

图 2–28　台湾居民来往大陆通行证

（16）大陆居民往来台湾通行证。

大陆居民往来台湾通行证，是中国大陆地区居民往来中国台湾地区所持有的证件，从 2015 年 7 月 1 日起大陆居民往来台湾通行证的有效期由原来的 5 年改为 10 年。大陆居民往来台湾通行证如图 2–29 所示。

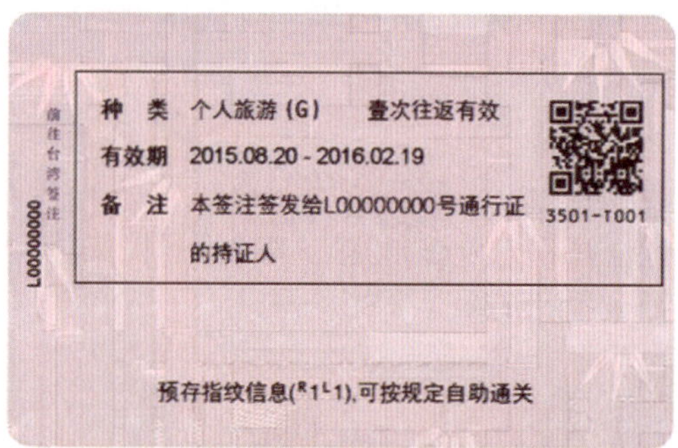

图 2-29　大陆居民往来台湾通行证

（17）外国人居留证。

外国人居留证（见图 2-30）是指外国人在中国居留的凭证，或者说是获得在中国居留资格的外国人在中国境内居留的合法身份证件，此证与外国人永久居留身份证在允许外国人在中国居留时间上有所区别。

图 2-30　外国人居留证

（18）外国人出入境证。

在中国境内的外国人因证件遗失、损毁、被盗抢等原因未持有效护照或者其他国际旅行证件，无法在所属国驻华使领馆补办的，提交护照报失证明或者所属国驻华使领馆照会或者出示被销毁、失效证件及代替护照使用的临时身份证明，以及国家移民管理局认为需要办理外国人出入境证的其他情形，可办理外国人出入境证（见图 2–31）。

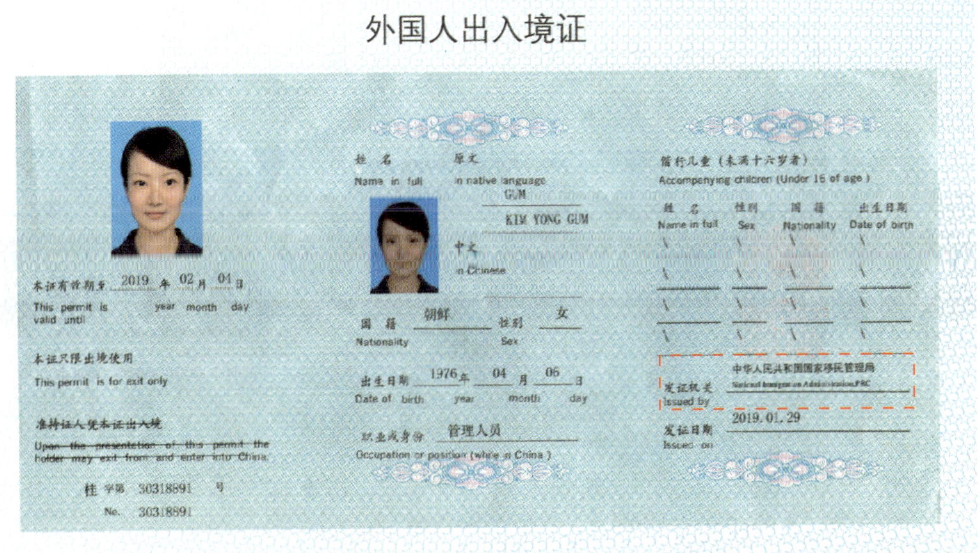

图 2–31　外国人出入境证

（19）外交官证。

（20）领事馆证。

（21）海员证。

（22）外交部开具的外国人身份证明。

（23）地方公安机关出入境管理部门开具的护照报失证明。

（24）铁路公安部门开具的乘坐旅客列车临时身份证明。

旅客购票时或购票后、乘车前因有效身份证件未携带、丢失等原因无法出示有效证件时，可以至车站铁路公安制证窗口办理乘坐旅客列车临时身份证明。办理时，要符合下列条件之一：

① 出具所在地公安机关的户籍证明信。

② 学生旅客出具所在学校的证明信。

③ 中国人民解放军、武警部队现役军人持所在部队出具的证明信。

④ 外籍旅客持当地使领馆出具的证明信。

⑤ 凭其他有效证件购买车票的旅客持发证部门出具的证明信。

⑥ 通过其他方式能够证明本人身份的。例如，将自己的身份证号码等信息告之铁路警务人员，由铁路警务人员调取相关数据进行比对，核实。

①～⑤中提到的证明信内容包括旅客姓名、性别、出生年月、籍贯、有效身份证件号码等信息，并加盖证明单位公章。购票后丢失有效身份证件的，须确认证明信内容与车票票面记载的旅客身份信息一致。

旅客列车临时身份证明仅供旅客购票、退票、中转签证、验证检票及乘车使用，应妥善保管。同城车站均实行实名制时，乘坐旅客列车临时身份证明可以通用。铁路公安部门开具的乘坐旅客列车临时身份证明如图 2–32 所示。

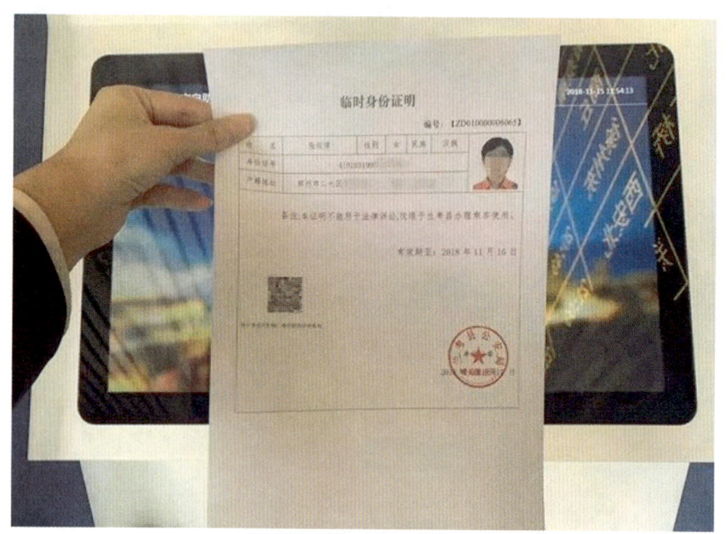

图 2–32　铁路公安部门开具的乘坐旅客列车临时身份证明

2. 证件在乘车时的使用

使用中华人民共和国居民身份证、港澳居民居住证、台湾居民居住证、外国人永久居留身份证、港澳居民来往内地通行证、台湾居民来往大陆通行证等可识读证件购买铁路电子客票的旅客，凭购票时所使用的有效身份证件原件，可通过实名制核验机、检票闸机自助完成实名制验证、进出站检票手续。可自助完成实名制核验、进出站检票手续的证件如图 2–33 所示。

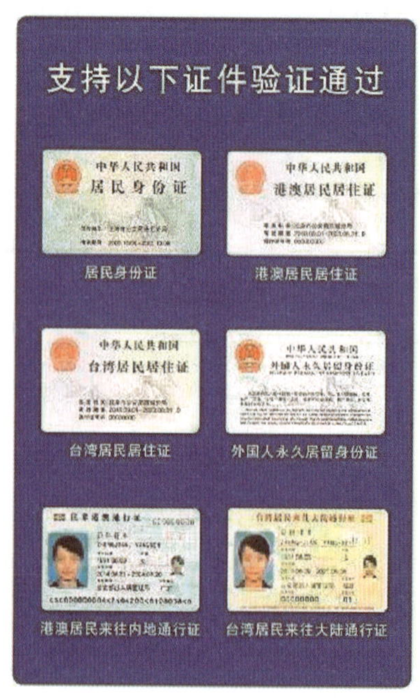

图 2–33　可自助完成实名制核验、进出站检票手续的证件

使用其他证件购买铁路电子客票的旅客，凭购票时所使用的有效身份证件原件，通过人工通道完成实名制验证、进出站检票手续。

按照国家有关规定，使用有效身份证件购买实名制车票的，列车验票时，铁路部门将同时核对旅客、所持电子客票及购票时所使用的有效身份证件原件。票、人、证不一致（含成年人持儿童票的情形），按无票处理。

中华人民共和国居民身份证、港澳居民居住证、台湾居民居住证、外国人永久居留身份证、港澳居民来往内地通行证、台湾居民来往大陆通行证等可识读证件采用了先进技术（RFID），正常情况下都可以通过识读设备自动识读，因种种原因不能通过识读设备自动识读时，俗称“消磁”，需到公安部门换证。

工作任务 2.3　认知电子客票的使用

职业能力 2.3.1　掌握电子客票的使用方法

1 电子客票的使用流程

（1）使用可自动识读证件（以下简称可识读证件）购买铁路电子客票的旅客，凭购票时所使用的有效身份证件原件，可通过实名制核验机、检票闸机自助完成实名制验证、进出站检票手续。

使用可识读证件自助完成实名制验证如图 2–34 所示。

图 2–34　使用可识读证件自助完成实名制验证

可识读相关证件的检票设备如图 2–35 所示。

图 2–35　可识读相关证件的检票设备

图 2-35 可识读相关证件的检票设备（续）

使用其他证件购买铁路电子客票的旅客，凭购票时所使用的有效身份证件原件，通过人工通道完成实名制验证、进出站检票手续。

（2）已是 12306.cn 网站注册用户且完成人脸身份核验的旅客，购买铁路电子客票后可凭 12306 手机 App 生成的动态二维码，通过车站自动检票闸机办理进出站检票手续。

使用二维码检票如图 2-36 所示。

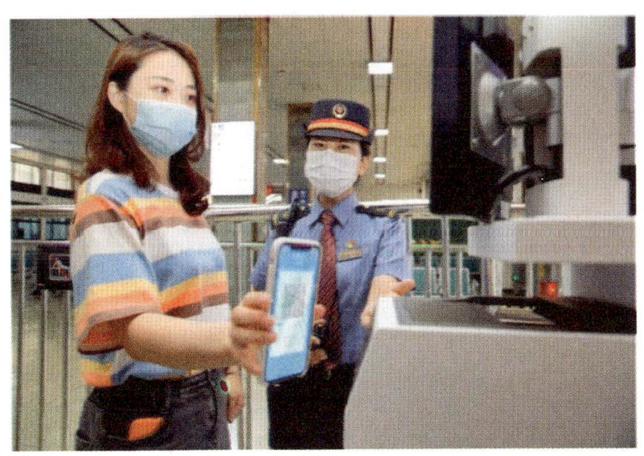

图 2-36 使用二维码检票

乘车凭证无纸化示意图如图 2-37 所示。

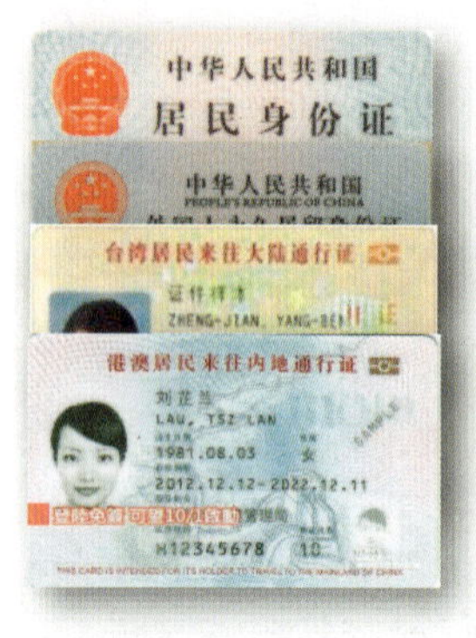

可识读证件　　不可识读证件　　刷脸检票+无感知出站

图 2–37　乘车凭证无纸化示意图

电子客票检票方式总结如图 2–38 所示。

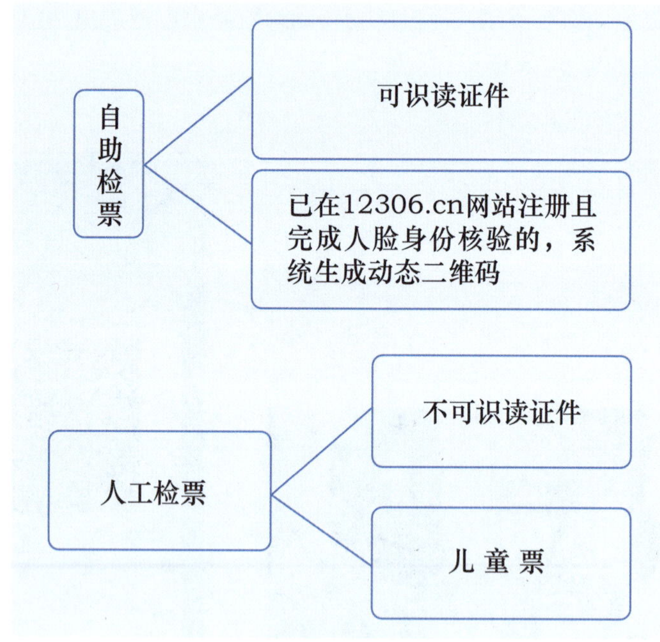

图 2–38　电子客票检票方式总结

（3）自动检票闸机、车站手持移动和半自助检票终端在识读旅客身份证件时所做的检票记录分别作为铁路旅客运输合同运送期间的起、止。

（4）旅客乘车时，应配合列车工作人员进行票、人、证查验。动车组列车运行途中进行差异化查验；普速列车在车门查验，遇客流较大等特殊情况，可让旅客先上车再补验。对于乘坐卧铺的旅客，列车工作人员应通过手持终端为旅客办理卧铺使用登记和到站提醒业务。

2. 电子客票的其他使用规定

（1）旅客购票后，丢失购票身份证件的，按以下方式处理。

① 旅客在乘车前丢失证件的，应到该有效身份证件的发证机关办理身份证明，凭身份证

明进出站乘车。

② 旅客在列车上、出站前丢失证件的，须先办理补票手续并按规定支付手续费，列车核验席位使用正常的，开具电子客运记录（特殊情况可开具纸质客运记录）；车站核验车票无出站检票记录的，开具客运记录。旅客应在乘车日期之日起 30 日内，凭该有效身份证件发证机关办理的身份证明和后补车票（如开具纸质客运记录，还应携带纸质客运记录），到列车的经停站退票窗口办理后补车票与原票乘车区间一致部分的退票手续。办理退票手续时，如核查丢失证件有出站记录的，后补车票不予退票；无出站记录的，办理退票时，不收退票费，已核收的手续费不予退还。

（2）中途站上车规定。

按照车票票面指定的日期、车次，可以在中途站上车，但未乘区间的票款不退。

（3）儿童票的进站方法。

持儿童票的旅客乘车时，须凭购票时所使用的本人或同行成年人的有效身份证件原件，通过人工通道办理实名制验证、进出站检票手续。

（4）学生票的资质核验和进站。

符合购买学生票条件的旅客，应到车站指定售票窗口或自动售/取票机办理一次本人居民身份证件与学生优惠卡的核验手续（需每学年乘车前办理一次），完成核验手续的旅客购票后可凭居民身份证件自助办理实名制验证和进出站检票，资质核验手续应当在乘车前办理。铁路工作人员有权在车站和列车上核对其减价优惠（待）凭证。

由于新生（毕业生）无学生优惠卡，无法办理学生资质审核，所以新生可凭录取通知书（毕业生凭学校开具的书面证明）及购票时所使用的有效身份证件通过人工检票通道进站乘车。学生票限每学年的寒暑假期间（6 月 1 日—9 月 30 日，12 月 1 日—次年 3 月 31 日）使用。

（5）残疾军人票的资质核验和进站。

符合购买残疾军人票条件的旅客，应到车站指定售票窗口或自动售/取票机办理一次本人居民身份证件与残疾军人优惠证件的核验手续，完成核验手续的旅客购票后可凭居民身份证件自助办理实名制验证和进出站检票，资质核验手续应当在乘车前办理。铁路工作人员有权在车站和列车上核对其减价优惠（待）凭证。

购买残疾人旅客专用票额的车票时，实行实名制规定，购票、退票、进出站检票及乘车时，应出示乘车人本人的中华人民共和国残疾人证、残疾军人证、伤残人民警察证及其所载明的居民身份证等有效身份证件。

3. 电子客票使用小结

电子客票将原纸质车票承载的三个凭证功能分离，实现运输合同凭证电子化、乘车凭证无纸化、报销凭证按需提供。实行电子客票后，购票主要有三大步骤，由旅客按需进行。其中，有的旅客完成第一步即可出行，而有的旅客需要完成至第二步，部分旅客需要进行到第三步。

第一步：旅客买票之后，会生成一个电子二维码，这就是电子客票。刷这个电子二维码或者刷身份证即可进站乘车。而座位等信息会通过 12306.cn 网站（12306 手机 App）用户注册时登记的手机号、微信推送的信息或电子邮箱发送给乘客。此外在 12306.cn 网站（12306 手机 App）账户订单里也可以查到座位等信息。

第二步：有旅客不习惯使用短信、电子邮箱等形式发送的电子乘车信息。那么其买完票后可通过网站下载或打印行程信息提示，也可以到自助售票机、人工售票窗口打印行程信息提示。

第三步：有的旅客需要报销车票，可以通过自助取票机，点击“取报销凭证”选项，打印报销凭证，也可以到车站人工售票窗口打印报销凭证。

以上关于电子客票的使用小结，可以用于简明、有效地回复旅客关于电子客票使用方法的咨询。

职业能力 2.3.2 熟悉电子客票行程信息提示和报销凭证

1. 电子客票行程信息提示

旅客通过 12306.cn 网站（12306 手机 App）购买铁路电子客票后，可通过网站（手机 App）自行打印或下载“行程信息提示”，也可在车站指定窗口或自动售/取票机打印行程信息提示。行程信息提示仅作为乘车提示信息，不作为乘车凭证。行程信息提示既不是纸质车票，也不是报销凭证，是为了给不会或不方便使用电子方式查询购票行程信息的乘客，方便查看自己的车次、席位等信息的“小纸条”。

行程信息提示如图 2–39 所示。

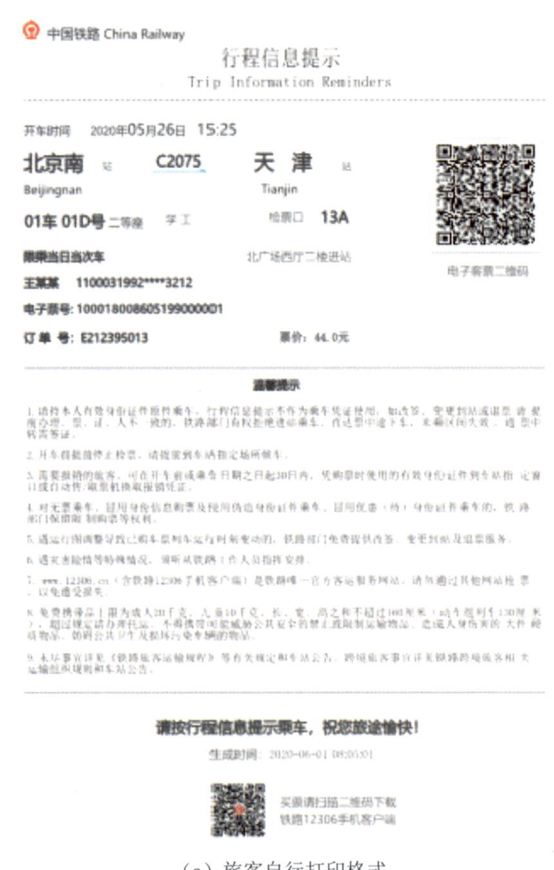

中国铁路 China Railway

行程信息提示

Trip Information Reminders

开车时间 2020年05月26日 15:25

北京南 站 C2075 天 津 站

Beijingnan Tianjin

01车 01D号 检票口 13A

限乘当日当次车 北广场西厅二楼进站

王某某 1100031992****3212

电子票号：10001800860519900000 1

订 单 号：E212395013 票价：44.0元

电子客票二维码

温馨提示

[illegible]

请按行程信息提示乘车，祝您旅途愉快！

生成时间：2020-06-01 08:05:01

买票请扫描二维码下载铁路12306手机客户端

（a）旅客自行打印格式

图 2–39 行程信息提示

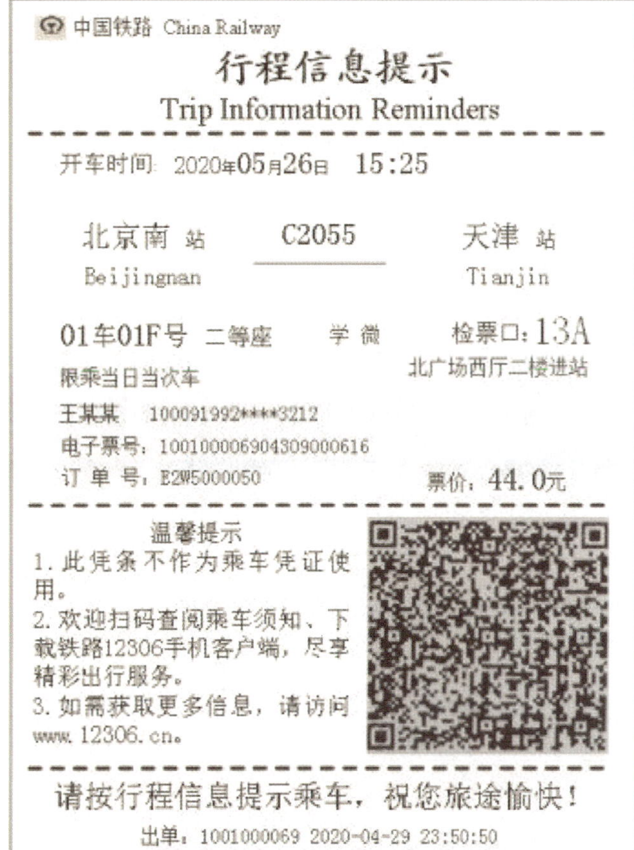
中国铁路 China Railway

行程信息提示

Trip Information Reminders

开车时间 2020年05月26日 15:25

北京南 站 C2055 天津 站

Beijingnan Tianjin

01车01F号 二等座 学 微 检票口：13A

限乘当日当次车 北广场西厅二楼进站

王某某 100091992****3212

电子票号：10010000690430900616

订 单 号：E2W5000050 票价：44.0元

温馨提示

1. 此凭条不作为乘车凭证使用。

2. 欢迎扫码查阅乘车须知、下载铁路12306手机客户端，尽享精彩出行服务。

3. 如需获取更多信息，请访问www.12306.cn。

请按行程信息提示乘车，祝您旅途愉快！

出单：1001000069 2020-04-29 23:50:50

（b）窗口和自动售票机打印格式

图 2–39 行程信息提示（续）

自动售票机打印电子客票行程信息提示如图 2–40 所示。

图 2–40 自动售票机打印电子客票行程信息提示

"行程信息提示"不能作为乘车凭证使用。

2. 电子客票报销凭证

依据国家发票管理的有关规定，铁路行业发票实行专业管理。国务院铁路主管部门对铁路运输票据的式样、印制标准，以及填写、使用方法有严格的规定，铁路部门出具的车票、区段票、代用票、客运杂费收据、退票费报销凭证、定额票、手续费收据等运输票据，具有发票属性，可用于报销。电子客票报销凭证如图 2-41 所示。

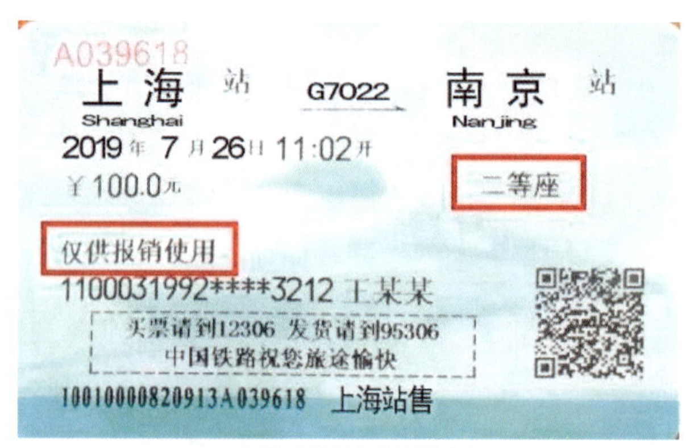

（a）不含座位号与检票信息提示

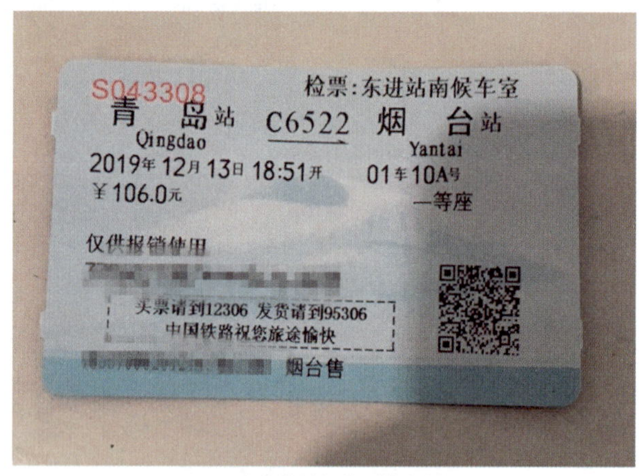

（b）含座位号与检票信息提示

图 2-41 电子客票报销凭证

1）常规换取报销凭证的规定

如需电子客票报销凭证，应在开车前或乘车日期之日起 30 日内，凭购票时所使用的有效身份证件原件，到车站售票窗口、自动售/取票机换取报销凭证；超过 30 日时通过铁路 12306 客服中心办理。办理铁路电子客票改签后，可重新打印报销凭证。

2）超过乘车日期 30 日但不超过 60 日换取报销凭证的规定

铁路 12306 客服中心接到旅客要求换取报销凭证的电话时，应告知旅客可自乘车日期之日起不超过 60 日内到票面发站或到站，凭乘车人身份证件原件和订单号换取报销凭证（无法提供订单号的旅客，客服人员可根据旅客提供的乘车人身份证号码、姓名、注册人手机号码，核对一致后告之旅客订单号）。票面发站或到站人工售票窗口应根据乘车人有效身份证件原件和订单号，为旅客换取超过乘车日期 30 日但不超过 60 日的报销凭证。

3）超过乘车日期 60 日换取报销凭证的规定

铁路 12306 客服中心接到旅客要求换取超过乘车日期 60 日的报销凭证的电话时，应核对旅客提供的订单号、乘车人身份信息后，通过客服综合查询平台的领取凭证功能为旅客办理领取确认业务。同时，告之旅客 3 日内到票面发站或到站，凭乘车人身份证件原件和订单号换取报销凭证（无法提供订单号的旅客，客服人员可根据旅客提供的乘车人身份证号码、姓名、注册人手机号码，核对一致后告之旅客订单号）。票面发站或到站人工售票窗口应根据乘车人有效身份证件原件和订单号，为旅客换取超过乘车日期 60 日的报销凭证。

和“行程信息提示”一样，报销凭证也不能作为乘车凭证使用。

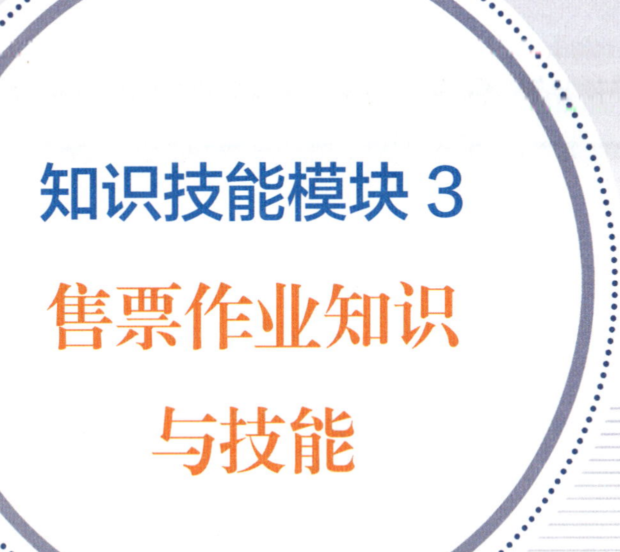

知识技能模块 3

售票作业知识与技能

模块导入

售票作业是票务岗位最重要的作业项目，也是日常实施得最为频繁的作业项目，售票技能是票务岗位的核心工作技能，必须熟练掌握。

掌握售票规则是开展售票作业的前提，本知识技能模块系统地介绍了发售电子客票的基本规则、向特殊旅客售票的规则、互联网购票身份核验制度、互联网购票基本规则，在此基础上，对窗口售票作业技能、自动售/取票机作业技能进行了具体介绍。

思政课堂

探访深夜坚守在岗位上的铁路售票员

2017 年 1 月 14 日零点，人们已经进入梦乡。武汉铁路局汉口车站进出的列车依然繁忙。深夜汉口车站西广场上寒风料峭，让人感受到浓浓冬意，但是车站售票大厅里灯火通明，售票员张希林与同事们依然坚守在工作岗位上。

张希林，是汉口车站售票车间的一名售票员。他没有惊天动地的事迹，有的是每天在窗口售出 600 张票的记录，有的是为每一位旅客答疑的耐心。这项工作是一份高强度的工作，不能多喝水，不能随意上厕所，一个班下来卖出 600 多张车票，回答上千个问题；这项工作是一个单调的岗位，每天上千次地重复“问、输、收、取、交、清”的售票程序。

（改编自央广网 2017 年 1 月 16 日文章《探访深夜坚守在岗位上的铁路售票员》，作者：刘卫兵、聂勇）

工作任务 3.1　认知售票作业基本规则

职业技能 3.1.1　掌握电子客票基本售票规则

1. 同一乘车日期、同一车次购票规则

一张有效身份证件同一乘车日期、同一车次可以购买一张车票，但儿童没有身份证时，还可以在同一订单下再次使用同行成年人的身份信息购买儿童票。

2. 车票信息修改规则

实行实名制售票、购票时，应认真核对姓名、身份证号码等有关身份信息。根据实名制有关规定，购票后不能更改姓名。如乘车人发现身份信息错误，应先办理退票，并按规定收取退票费；发现日期、发站、到站、车次、席别错误的，可以按规定办理改签、变更到站、退票。

在 12306.cn 网站购票，一笔订单不能购买超过 5 张票。

3. 铁路电子客票预售期

火车票预售期是指铁路运输企业提前发售车票的天数。不同等级的列车、不同车站、不同时期，预售期不一样。一般火车票预售期为 30 天；重大节日会安排加班车，加班车的预售期是 25 天。例如：2021 年春运，火车票预售期从 30 天调整为 15 天，因此，2 月 3 日当天“开抢”2 月 17 日（正月初六）火车票，2 月 12 日（正月初二）“开抢”2 月 26 日（元宵节）火车票。

除预售期外，各车站电子客票的起售时间也是一个重要的售票时间参数。为防止旅客集中在同一时间购票，对铁路售票系统带来巨大的网络通信、计算机数据处理等压力，全国各车站发售预售期最晚一天的车票，会在购买的第一天的不同时间段进行发售，以分散购票压力。全国各站电子客票起售时间可通过以下网页查询：

https：//www.12306.cn/index/view/infos/sale_time.html。

4.其他规则

（1）票款责任规定。旅客付款时，应当场认真核对票款。当场发现票款有误时，须立即向售票人员提出；未当场核对、过后提出的，自行负责。

（2）在乘降所（无人售票的车站）上车时，可以在列车上购票，但最远至本次列车终点站，不收手续费。

职业技能 3.1.2　掌握向特殊旅客售票的规则

1. 售儿童票的规则

依据合同法有关规定，儿童原则上不能单独乘车，应与具备完全民事行为能力的成年人同行。一名成年人旅客可以免费携带一名身高不足 1.2 m 的儿童。如果身高不足 1.2 m 的儿童超过一名时，一名儿童免费，其他儿童应购买儿童票。儿童身高为 1.2～1.5 m 的，应购买儿童票；超过 1.5 m 的，应购买全价票。

成年人旅客持卧铺车票时，儿童可以与其共用一个卧铺，并按上述规定免费或购票。

目前，在铁路售票窗口购买实名制车票时，儿童票不实行实名制。在 12306.cn 网站购买儿童票时，儿童有有效身份证件的，可添加为乘车人，儿童没有有效身份证件的，可以使用同行成年人身份信息（姓名、证件类型、证件号码均为同一成年人）购票。

儿童票可享受客票、加快票和空调票的优惠，儿童票票价按相应客票和附加票公布票价的 50%计算。免费乘车及持儿童票乘车的儿童单独使用卧铺时，另收全价卧铺票价，有空调时还另收半价空调票票价。儿童票的座别与同行成年人旅客的车票相同，到站不能远于同行成年人旅客车票的到站。

2. 向学生旅客售票的规则

（1）下列情况可发售学生票。

① 在国家教育主管部门批准有学历教育资格的普通大专院校（含民办大学、军事院校），中等专业学校、技工学校和中小学就读，没有工资收入的学生、研究生。

② 家庭居住地（父亲或母亲之中任何一方居住地）和学校所在地不在同一城市。

③ 大中专学生凭附有加盖院校公章的减价优待凭证、学生火车票优惠卡和经学校注册的学生证，新生凭学校录取通知书，毕业生凭学校书面证明，小学生凭学校书面证明购买学生票。

④ 在优惠乘车区间之内，且优惠乘车区间限于家庭至院校（实习地点）之间。

⑤ 每学年乘车次数限于四次单程。当年未使用的次数，不能留至下年使用。

（2）下列情况不能发售学生票。

① 学校所在地有学生父或母其中一方时。

② 学生因休学、复学、转学、退学时。

③ 学生往返于学校与实习地点时。

④ 学生证未按时办理学校注册的。

⑤ 学生证优惠乘车区间更改但未加盖学校公章的。

⑥ 没有“学生火车票优惠卡”、“学生火车票优惠卡”不能识别或者与学生证记载不一致的。

（3）学生票按近径路或换乘次数少的列车发售。

（4）学生票乘车时间限为 6 月 1 日至 9 月 30 日（暑假）、12 月 1 日至次年 3 月 31 日（寒假）。

（5）学生票可享受普速旅客列车硬座客票、加快票、空调票和动车组列车二等座公布票价的优惠。学生票普速旅客列车票价按相应客票和附加票票价的 50%计算。持学生票乘车的学生使用普速旅客列车硬卧时，应另收全价硬卧票价，有空调时还应另收半价空调票票价。动车组列车二等座按公布票价的 75%计算。

（6）学生的父母都不在学校所在地，并分两处居住时，由学生选择一处，并登记在学生减价优待证上。学生父母迁居时，应提出申请，经学校确认后，可修改学生减价优待凭证上的乘车区间，加盖学校公章，同时修改“学生火车票优惠卡”的相关信息。

（7）学生回家后，院校迁移或调整，凭学校证明和学生减价优待凭证，可以发售从家庭所在地到院校新迁所在地的学生票。

（8）华侨学生回家时，车票发售至边境车站，办理时与普通学生相同。

（9）在铁路售票窗口，除身高 1.5 m 以上、16 岁以下的学生若只有学生证，没有身份证，可以凭本人的学生证购票，其他学生应凭规定的有效身份证件购票。

（10）在 12306.cn 网站，如注册用户本人是学生，应在“个人信息”中修改类型。如果帮其他学生代购，要先把要买票的学生信息加入“乘车人”中，将该旅客类型修改为“学生”即可。

3. 向残疾军人旅客售票的规则

中国人民解放军和中国人民武装警察部队因伤致残的军人凭“中华人民共和国残疾军人证”、因公致伤的人民警察凭“中华人民共和国伤残人民警察证”，可以购买残疾军人优待票（以下简称残疾军人票）。依据国家有关规定，持有其他各类抚恤证的人员，不能享受减价待遇。

符合条件的残疾军人、伤残人民警察可享受客票和附加票 50%的票价优惠。

学生票与残疾军人票售票规定如图 3-1 所示。

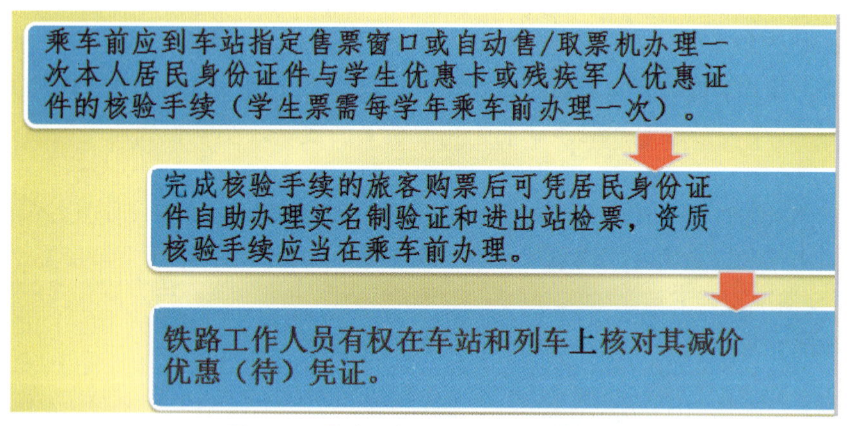

图 3-1 学生票与残疾军人票售票规定

4. 向残疾人旅客售票的规则

为方便残疾人旅客乘坐火车出行，每趟旅客列车预留一定数量的残疾人旅客专用票额，自预售之日起至始发站开车前 24 h，专门发售给符合购票条件的残疾人旅客。2020 年 4 月 27 日起，12306 网站上线残疾人及残疾军人购票功能，支持通过 12306.cn 网站及 12306 手机 App 发售残疾人用途车票。购买残疾人旅客专用票额车票，需具备以下条件。

（1）持有中华人民共和国残疾人证，且载明视力、肢体或智力三类残疾，残疾等级为一级或二级的。

（2）持有中华人民共和国残疾军人证、伤残人民警察证，且载明残疾等级为一至六级的。

5. 向团体旅客售票的规则

20 人以上，乘车日期、车次、到站、座别相同的旅客可作为团体旅客。铁路部门制定了团体旅客购买 20 张车票，赠送一张车票的优惠政策，具体实施办法以各铁路局相关规定为准。

6. 限制向严重失信人售票规定

按照国务院颁布的《征信业管理条例》、国家发展改革委等五部门发布的《关于加强交通出行领域信用建设的指导意见》（发改运行〔2017〕10 号）、国家发展改革委等八部门发布的《关于在一定期限内适当限制特定严重失信人乘坐火车 推动社会信用体系建设的意见》（发改财金〔2018〕384 号）等要求，中国铁路总公司（已改制为中国国家铁路集团有限公司）

为推进铁路信用体系建设，弘扬守信行为，规范限制铁路旅客运输领域严重失信行为责任人购买火车票的管理，制定了《限制铁路旅客运输领域严重失信人购买车票管理办法》。

以下失信行为，将纳入铁路旅客信用信息记录管理。

（1）扰乱铁路站车运输秩序且危及铁路安全、造成严重社会不良影响的。

（2）在动车组列车上吸烟或者在其他列车的禁烟区域吸烟的。

（3）查处的倒卖车票、制贩假票的。

（4）冒用优惠（待）身份证件、使用伪造或无效优惠（待）身份证件购票乘车的。

（5）持伪造、过期等无效车票或冒用挂失补车票乘车的。

（6）无票乘车、越站（席）乘车且拒不补票的。

（7）依据相关法律法规应予以行政处罚的。

对以上行为，除按有关规定进行处置外，还将记录个人身份信息，在一定期限内限制购票，并按规定向国家、地方政府相关部门和有关征信机构提供铁路旅客信用信息。严重失信行为被认定后，对以后在铁路购票乘车会产生以下影响。

发生严重失信行为中第（1）、（2）、（3）、（7）种情形即认定为失信行为。自公示期满无有效异议之日起 180 天内限制其购买车票。

发生严重失信行为中第（4）、（5）、（6）种情形即认定为失信行为。发生第（4）、（5）种情形即使旅客按规定补票也认定为失信行为，发生第（6）种情形旅客在结束本次旅行前最终按规定补票则不认定为失信行为。

旅客未补票的，自公示期满无有效异议之日起至失信人补齐所欠票款前限制其购买车票；失信人补齐第一次所欠票款后（自补票次日算起）一年内，三次发生上述第（4）、（5）、（6）种情形的，失信人补齐所欠票款后 90 天（含 90 天）内限制其购买车票。

失信人的限制购票期限期满次日起自动解除对其的购票限制。

铁路旅客信用信息记录期限，自失信行为发生之日起一般为 5 年；超过 5 年的，应当予以删除。国家对相关期限另有规定的，从其规定。每月第一个工作日中国铁路客户服务中心（12306）网站、“信用中国”网站发布失信人的完整信息，信息自发布之日起 7 个工作日为公示期。公示期内，被公示人可通过铁路 12306 客服电话提出异议，被公示人未提出异议或者提出异议经审查未予支持的，开始按照公示名单执行惩戒措施。

研读规章

认真学习《限制铁路旅客运输领域严重失信人购买车票管理办法》（铁总客〔2018〕59 号）。

7. 跨境高铁（广深港高铁）售票规定

1）售票方式

（1）内地铁路运输企业提供的售票方式：12306.cn 网站（含 12306 手机 App）、电话订票（86–发站所在城市的区号–95105105）、车站售票窗口、内地代售点（含在香港设置的代售点）、自动售/取票机等。

（2）港铁公司提供的售票方式：港铁公司购票网站（www.mtr.com.hk/highspeed）、电话购票热线（852–21200888）、香港西九龙站售票窗口、自动售/取票机及港铁公司代售点等。

（3）旅客利用网站、电话及港铁公司代售点订购车票后，应在乘车前换取磁介质车票。

2）预售期

网站购票（含港铁公司代售点购票）、电话订票为 30 天（含当天），其他购票方式为 28 天（含当天）。调整预售期时，铁路运输企业将提前公告。

3）其他规定

（1）广深港高铁票价以人民币计价，旅客在内地用人民币购票，在香港地区用港币购票。

（2）购买跨境高铁车票的旅客须在乘车前换取磁介质车票后乘车。

（3）跨境高铁车票实行实名制购买，可使用的有效身份证件有：中华人民共和国居民身份证（在内地还可以使用港澳台居民居住证、外国人永久居留身份证）、港澳居民来往内地通行证、中华人民共和国往来港澳通行证、台湾居民来往大陆通行证、符合中华人民共和国规定可使用的有效护照和上述证件发证机构发放的临时身份证明。

（4）通过港铁公司香港西九龙站售票窗口，可以购买跨境高铁车票（即发站或到站必须是西九龙站）。

（5）通过中铁（香港）公司设在香港西九龙站的 5 个售票窗口，既可以购买跨境高铁车票，也可以购买内地铁路车票。

工作任务 3.2 认知互联网售票规则

职业能力 3.2.1 了解互联网购票身份信息核验制度

1. 互联网购票身份信息核验制度的概念

根据铁路实名制购票有关规定，票、人、证一致方可购票乘车。同时，为了有效打击利用 12306.cn 网站（含 12306 手机 App，下同）进行囤票、倒票的违法行为，维护广大旅客的合法权益，从 2014 年 3 月 1 日起，铁路部门通过国家身份认证权威部门对 12306.cn 网站注册用户和乘车人进行了身份信息核验。

2. 互联网购票身份信息核验制度的具体规定

实施身份信息核验后，在 12306.cn 网站上使用二代居民身份证的注册用户和常用联系人身份信息将有“已通过”“待核验”“未通过”三种核验状态，使用护照、港澳居民来往内地通行证、台湾居民来往大陆通行证的注册用户和常用联系人身份信息将有“已通过”“请报验”“预通过”“未通过”四种核验状态。身份信息核验状态为“已通过”“预通过”的注册用户和常用联系人，可在 12306.cn 网站正常办理购票业务；其他状态的注册用户和常用联系人需要确认在 12306.cn 网站所填信息的正确性，或持相关证件原件到车站窗口或代售点办理身份信息核验。12306 手机 App 人证核验界面如图 3-2 所示。

图 3-2 12306 手机 App 人证核验界面

网上身份核验是12306.cn网站通过国家身份认证权威部门对持居民身份证（包括中华人民共和国居民身份证、港澳居民居住证、台湾居民居住证、外国人永久居留身份证）、按规定可使用的有效护照、港澳居民来往内地通行证、台湾居民来往大陆通行证的用户信息进行核验。只要注册用户和乘车人使用的身份信息真实有效，且通过“网上核验”或“车站核验”的，均不影响在12306.cn网站正常购票。

遇有姓名超长、生僻字、繁体字等情形的，仅可在车站售票窗口办理身份信息核验，还要提供注册手机号后4位或注册邮箱等信息。

职业能力 3.2.2　了解互联网购票基本规则

（1）在12306.cn网站，可以购买铁路客票系统发售的全价票、儿童票、学生票及残疾军人（含伤残人民警察）票四种各车次、各席别的直达票。

（2）12306.cn网站提供旅客列车时刻表、余票、票价、正晚点、规章制度等客运信息查询，办理网络购票、网络改签、候补购票、变更到站、网络退票等业务。

（3）在12306.cn网站购票，必须实名注册为网站用户。注册时按12306.cn网站页面提示要求填写相关信息。必须填写用户名、密码、真实姓名、证件类型、证件号码、手机号码、旅客类型、护照有效期截止时间等信息。

（4）若证件号码已被他人注册，应确认本人是否已在网站注册，如果已注册，使用原账号登录，如果忘记密码可使用找回密码功能。

（5）12306.cn网站提示“身份信息重复”的注册用户及想注销的用户，须注册用户本人持在网站注册时填写的有效身份证件原件到车站售票窗口办理或通过12306手机App按提示在线办理。

（6）建议旅客选择12306.cn网站和12306手机App进行购票或拨打95105105进行电话订票，不要使用非官方网站和手机App购票，以免造成个人身份信息泄露。

（7）12306.cn网站全天提供信息查询和退票服务，从2021年7月31日起，每天5:00至次日凌晨1:00提供购票和改签服务（每日提供购票和改签服务的时间达20 h）。

（8）在12306.cn网站注册及购票时，可使用的有效身份证件包括：中华人民共和国居民身份证（含港澳居民居住证、台湾居民居住证、外国人永久居留身份证）、港澳居民来往内地通行证、台湾居民来往大陆通行证、按规定可使用的有效护照四种证件。

（9）目前，12306.cn网站支持以下在线支付工具。

① 开通工商银行、农业银行、中国银行、招商银行、建设银行和邮储银行网银账户的用户，可以直接使用银行网银支付。

② 开通其他银行网银账户的用户，可以使用银联网银支付。

③ 未开通网银账户的用户，可以使用银联快捷支付。

④ 用户可以使用支付宝、微信支付。

同一订单只能使用一个在线支付工具一次性支付。

（10）在12306.cn网站申请到席位后，应在网站提示的支付时间内，在线支付票款，否则将取消席位。

（11）12306.cn网站在用户购票成功后，跳转到“订票成功”页面以提示用户，并将订单信息自动保存在“我的订单”中，同时向用户注册时提供的邮箱发送邮件通知、向用户在“通知设置”中选择的通知渠道发送通知信息，旅客可随时查询。

（12）对一天内未支付或取消订单合计超过 3 次的用户（其中无座席订单取消 5 次），系统将限制其使用，可于第二天再尝试购票。在此期间不能再使用此用户名购票，可更换一个用户名或使用其他证件重新注册后再购票。

（13）12306.cn 网站的所有注册用户均可自愿申请获得候补购票服务。为了确保用户的真实性，防止出现冒用他人身份信息注册用户进行囤票的行为，在申请候补购票前，用户需进行人证一致性核验，核验方法可参见 12306.cn 网站操作说明。已通过人证一致性核验的用户及已激活的“铁路畅行”会员，可自动获得该项服务。

① 候补订单的提交、兑现时间与 12306.cn 网站（含手机客户端）运营时间一致；开车时间为 0:00—12:59 的候补终止时间不晚于开车前一天的 23:30；开车时间为 13:00—23:59 的候补终止时间不晚于开车当日前 6 h。

② 可在提交候补订单时自主设定终止兑现时间，也可在提交候补订单后随时修改和主动终止兑现（均不晚于最晚终止时间）。

③ 候补购票需预付票款，按订单不同组合需求中票款的最高额度计算（卧铺按下铺票价计算）。

④ 候补购票预付款支付成功后，系统将持续尝试为用户兑现候补需求，若有匹配需求的车票，系统将自动生成已支付订单，预付款大于实际票款的，系统将自动退回差额票款；若无法满足需求的席位，将在截止兑现时间自动终止兑现，用户主动终止或系统自动终止兑现的，系统自动原额退还预付款。

⑤ 候补订单提交成功后需在系统提示时间内完成支付，完成候补预付款支付后，候补购票订单立即生效。候补购票订单生效后，除截止兑现时间可以修改，其他相关候补需求不可修改，如需变更，可终止订单后重新操作。

⑥ 候补订单兑现成功、兑现失败、自动退单时均通过用户选择的通知渠道（短信、微信或支付宝）推送通知消息。推送消息的同时，也会发送邮件通知（用户邮箱须激活）。

工作任务 3.3　进行窗口售票作业

职业能力 3.3.1　掌握窗口售票作业技能

1. 窗口售票作业概述

在车站窗口使用售票软件售普通票、售动车组票、始发签证、售团体票、售优惠票、售往返票、售联程票功能发售车票时，所有车票均需先录入实名信息；系统支持按现金支付、POS 机刷卡支付、扫码支付和积分支付等方式收取车票票款；支持随车票购买乘意险；可以通过参数设置预留旅客手机号，以及校验手机号码真实性。售票成功后，可为旅客打印行程信息提示，打印行程信息提示后默认不再打印报销凭证（发票），有权限的窗口也可提示是否立即换取报销凭证（换取报销凭证影响后续办理车票变更服务，需要收回报销凭证，建议旅客在旅行结束后自行换取报销凭证）。最初报销凭证票面不打印有效期、检票口和“网”字，之后又恢复打印这些信息。

发售学生、残疾军人电子客票时，需提前采集学生、残疾军人优惠资质，未采集资质不允许发售学生、残疾军人优惠票。采集完资质后，后续发售学生、残疾军人优惠票只需提供优惠资质绑定的身份证件即可购票（学生票需每年第一次购票前，重新采集一次），购票过程中不用再读取优惠资质证件。

2. 使用售票软件进行售票操作

1）基础操作

（1）光标移动键定义：“←”光标左移；“↑”光标上移；“→”光标右移；“↓”光标下移；“PgUp”上翻一屏；“PgDn”下翻一屏。

（2）字母键、数字键和其他功能键的使用与键盘常规操作相同。

（3）部分快捷键用途见表 3–1。

表 3–1　部分快捷键用途

快捷键名	用途	快捷键名	用途	快捷键名	用途
F1	输入乘车日期	F2	输入车次	F3	输入发站
F4	输入到站（换乘站）	F5	输入票种票额	F6	输入终到站
F7	输入席别	F8	收款	F9	光标切换
F11	选择用途	F12	余票查询		

2）具体操作

（1）打开售票系统，待系统初始化完毕后，输入售票员账号和密码，如图 3–3 所示；确定日期，选择班次，如图 3–4 所示；完成以上两步后，进入售票主界面，如图 3–5 所示。

图 3–3　输入售票员账号和密码

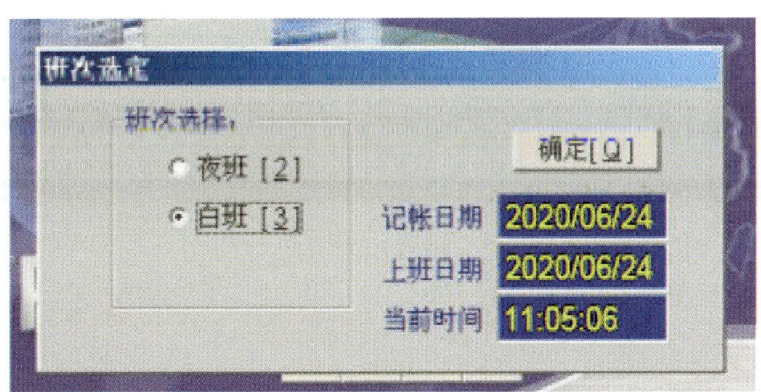

图 3–4　确定日期，选择班次

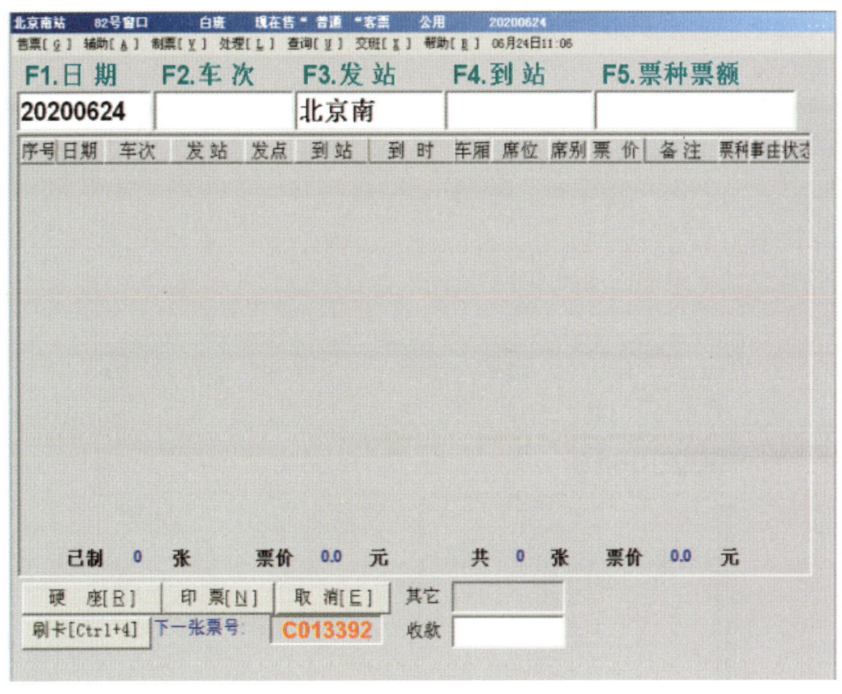

图 3–5　售票主界面

（2）选择用途（快捷键 F11）。

按 F11 键显示“用途”下拉菜单，如图 3–6 所示，移动光标至相应的用途，按回车键（Enter 键）确认。

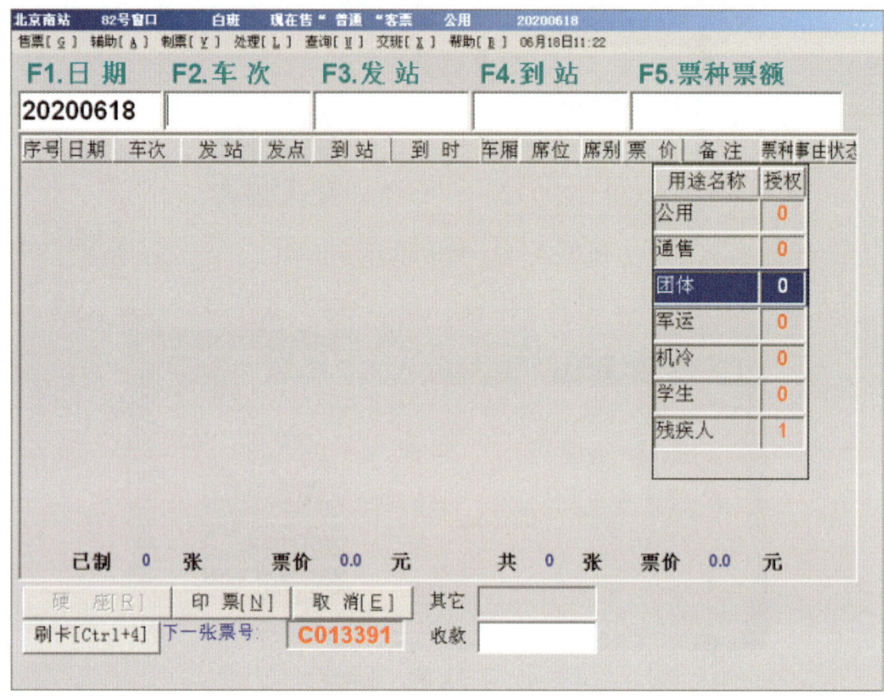

图 3-6 “用途”下拉菜单

（3）输入乘车日期（快捷键 F1）。

输入乘车日期有 3 种方法。

方法一：选择输入法。

① 按 F1 键打开日期输入下拉菜单；

② 上下移动光标定位到乘车日期所在的行；

③ 按回车键确认。

用选择输入法输入乘车日期如图 3-7 所示。

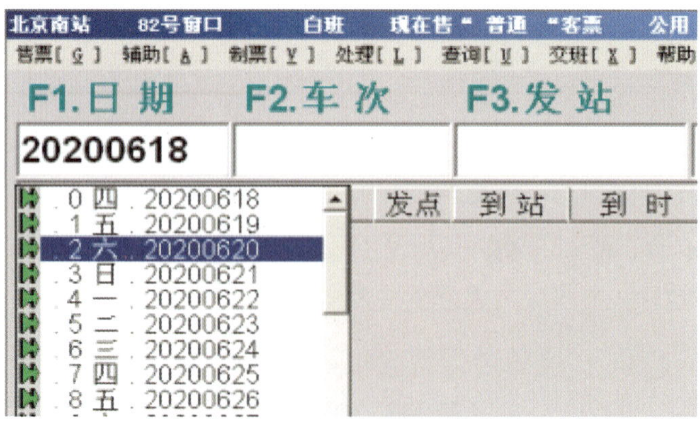

图 3-7 用选择输入法输入乘车日期

方法二：直接输入法。

① 按 Alt+Q 键将光标切入日期输入框；

② 输入乘车日期，如：输入 3、25、806、1011 分别显示当月 3 日、25 日、8 月 6 日、10 月 11 日。

③ 按回车键确认。

用直接输入法输入当月 23 日如图 3-8 所示。

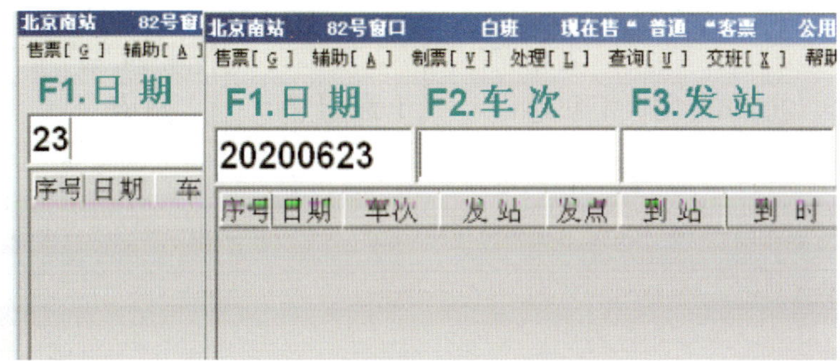

图 3-8 用直接输入法输入当月 23 日

方法三：数字键输入法。

可通过按 F1 键+数字键设置乘车日期。例如：

按 F1+0 键将日期设置为售票期限的第一天，即当天；

按 F1+1 键将日期设置为售票期限的第二天，即明天；

按 F1+2 键将日期设置为售票期限的第三天，即后天。

依次类推。

（4）输入车次（快捷键 F2）。

按 F2 键，光标移到“车次”输入框，输入车次，按回车键确认。

例如，输入车次“D995”，如图 3-9 所示。

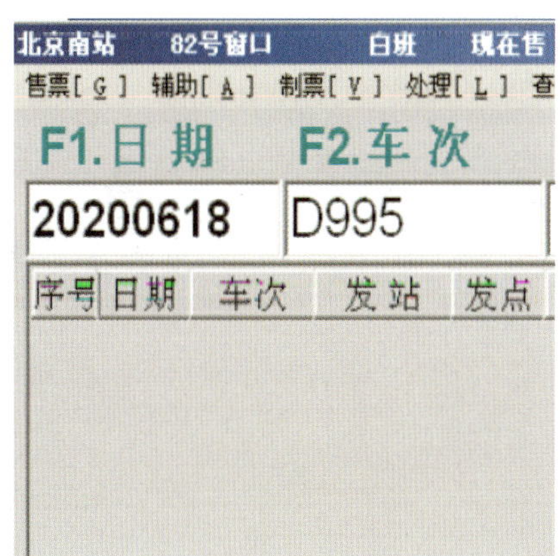

图 3-9 输入车次“D995”

（5）输入发站（快捷键 F3）、到站（快捷键 F4）。

① 输入到站的方法：输入车次后，发站默认为售票站，若乘客购买售票站出发的车票，那么不需要更改发站，否则，需要更改发站（即发售异地票），按 F3 键将光标移入发站输入框，输入站名拼音码或电报码，按回车键确认，此时光标自动移入到站输入框。

② 输入到站有 2 种方法：输入相应到站的序号，按回车键确认；输入到站的拼音码或电报码，按回车键确认。

输入发站、到站如图 3-10 所示。

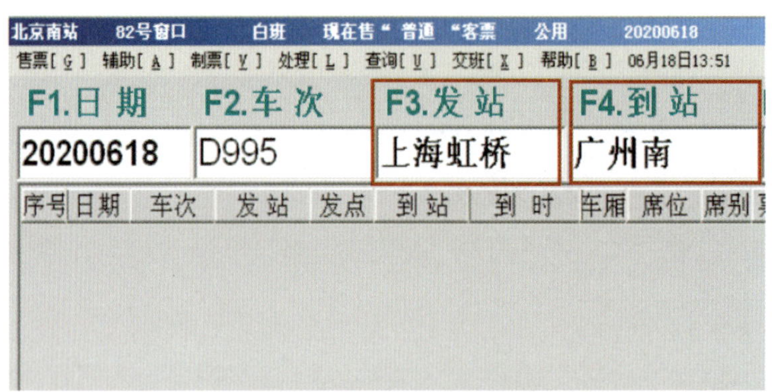

图 3-10　输入发站、到站

有时旅客不能确定想购买车票的车次，即步骤（4）输入车次无法操作，则可以直接按 F3 键输入发站，再按 F4 键输入到站，查询发站至到站间的所有车次，根据系统提供的车次清单（含到开时刻、席位、票价、余票等信息）向旅客介绍相关情况，供旅客选择。

站名拼音码规则：站名拼音码由三个字母组成，两个字的站名，由首字汉语拼音首字母和尾字汉语拼音前两个字母组成，例如：鞍山（ASH）、长春（CCH）、大连（DLI）；三个字的站名，由各字汉语拼音首字母组成，例如：沈阳北（SYB）、沟帮子（GBZ）、哈尔滨（HEB）；四字及以上的站名，由前两个字的汉语拼音首字母与最后一个字的汉语拼音首字母组成，例如：葫芦岛北（HLB）、哈尔滨东（HED）；一个字的站名，如“宋”（位于黑龙江省绥化市，全国唯一的一个字站名车站），其拼音码为 SON。

用拼音码或电报码输入到站如图 3-11 所示。

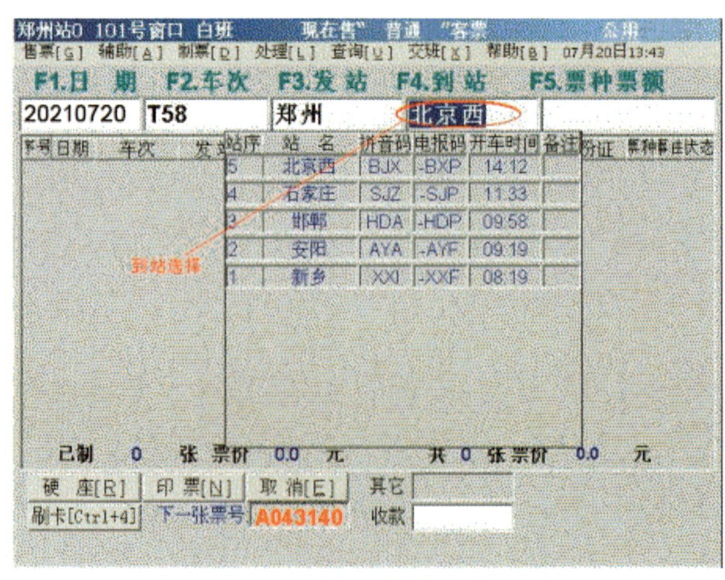

图 3-11　用拼音码或电报码输入到站

（6）输入票种票额（快捷键 F5）。

票种分为“全、孩、学、残、免、探、半、军、单、返、卧、集、农，移动光标或者按空格键依次显示至相应的票种。

“全”——旅客普通全价票；

“孩”——身高 1.2～1.5 m 的儿童票；

“学”——学生票（凭符合要求的证明或附有优惠卡的学生证发售）；

“残”——残疾军人票、残疾人票（凭中华人民共和国残疾军人证、中华人民共和国伤残人民警察证或残疾人证发售）；

“免”——铁路免票（凭铁路职工工作证、乘车证及其他相关证明发售）；

“探”——铁路探亲票（凭铁路职工工作证、乘车证、探亲证明发售）；

“半”——半价票（凭有效证明发售）；

“军”——军人优惠票（凭军人身份证明发售）；

“单”——免票儿童（身高 1.2 m 以下）单独使用卧铺；

“返”——学生返程票（凭符合要求的证明或附有优惠卡的学生证发售）；

“卧”——补卧铺票（已有座票，加补卧铺票）；

“集”——团体票种的全价票（严格来讲“集”不是一个票种）；

“团”——发售给团体旅客的优待票（零票价），随团体代用票使用有效；

“红”——发售给红色旅游学生团体的优待票，随团体代用票使用有效；

“农”——农民工返程票。

在票额栏内输入张数（发售 5 张票就输入数字“5”），按回车键确认，席别下拉菜单自动打开。

在一次售票过程中，可输入多个票种票额，输入完一个票种再输入完票额后，继续选择另一个票种并输入票额，全部完成后，再进入输入席别环节。

（7）输入席别（快捷键 F7）。

输入票额并按回车键确认后，自动打开席别下拉菜单，也可以通过按 F7 键显示席别下拉菜单。

注意：席别下拉菜单将显示之前已选定的车次、指定到发站和日期情况下的可供选择的席别信息，如图 3-12 所示，在选定 2020 年 6 月 18 日，D995 次列车，发站为上海虹桥，到

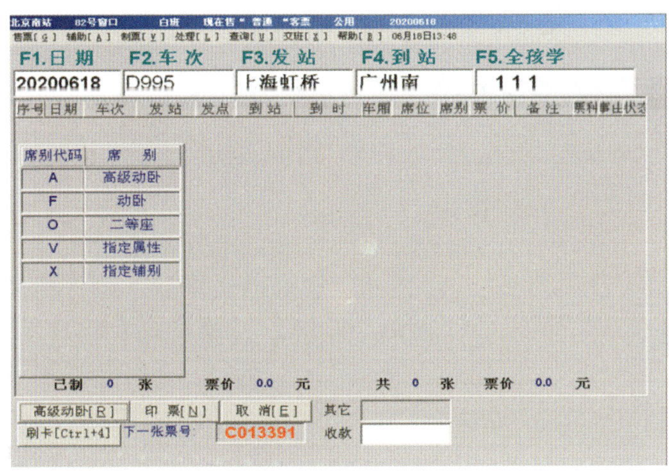

图 3-12 输入席别

站为广州南的情况下，席别下拉菜单显示了可供选择的高级动卧、动卧、二等座三种席别。

不同的车次、日期、到发站等前置情况，席别下拉菜单出现的席别选项是不同的，可能是硬座、软座、硬卧、软卧、高级软卧、二等座、一等座、特等座、商务座等不同席别的组合。

部分席别代码如图 3–13 所示。

席别代码	席别
1	硬座
2	软座
3	硬卧
4	软卧
5	包厢硬卧
6	高级软卧
B	混编硬卧
C	混编软卧
M	二等座
O	一等座
W	硬座无座
X	指定铺别

图 3–13 部分席别代码

① 在席别下拉菜单中选择“V 指定属性”或直接使用热键 V，进入个性化售票界面，如图 3–14 所示，某次车，在某日期，某站至某站共有二等座、一等座、特等座三种席别，但可以发售的只有二等座和一等座，可以点选相应的席别进行席别选择，也可以按 Alt+O 键选择二等座或按 Alt+M 键选择一等座；通过点选相应的属性进行席位属性选择，同样也可以使用 Alt+相应的热键（0～9、A、B 等）进行选择；点选车厢复选框（或使用 Alt+C 键），可以输入车厢号（若不输入车厢号，默认为任意车厢）；单击取票或使用 Alt+Q 键确定取票（将席位从席位库中“取”出），单击返回或使用 Alt+E 键返回。

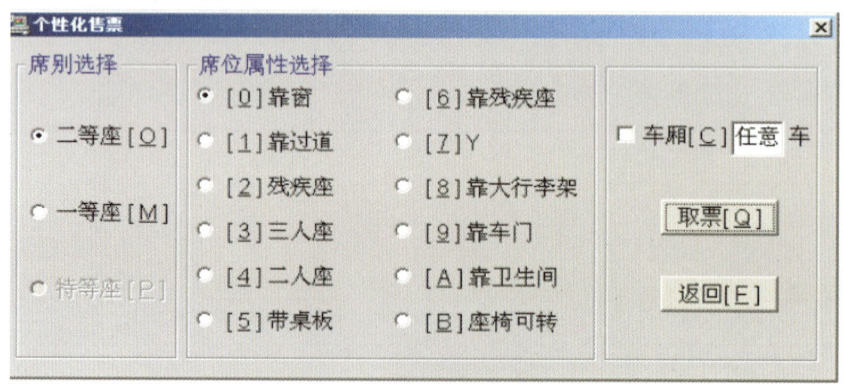

图 3–14 个性化售票界面

动车组餐车座票在取票界面中，车厢号用红色字体标明。

② 在席别下拉菜单中选择“X 指定铺别”或直接使用热键 X，进入铺位选择界面，如图 3-15 所示。

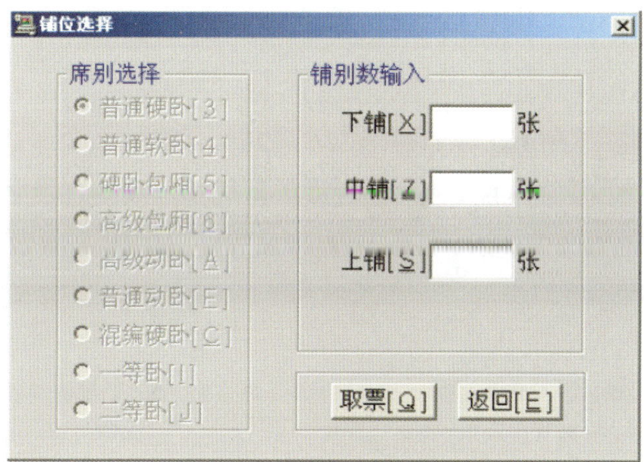

图 3-15　铺位选择界面

③ 部分车次在席别下拉菜单中有“Z 指定席位”可供选择或直接使用热键 Z 进入按席位售票界面，如图 3-16 所示，按 Alt+热键选择厢层和席别号，按 Alt+C 键输入车厢号，按 Alt+Q 键取票，按 Alt+F 键返回。

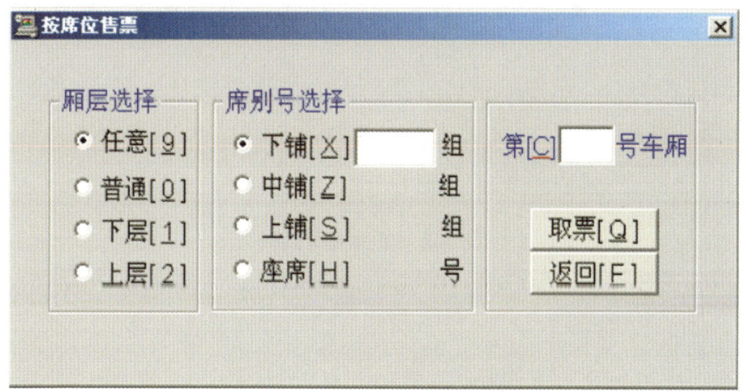

图 3-16　按席位售票界面

按 F9 键将光标切换至主数据界面，此时界面显示已取票信息，若要将取出的席位全部取消，则按 Alt+E 键，系统会将全部席位返回席位库；若只是取消部分取出的席位，则按↑、↓键，将光标移至指定席位记录，再按 Alt+E 键取消选中的单张席位记录，此时，该席位返回席位库。主数据界面（已取票信息）如图 3-17 所示。

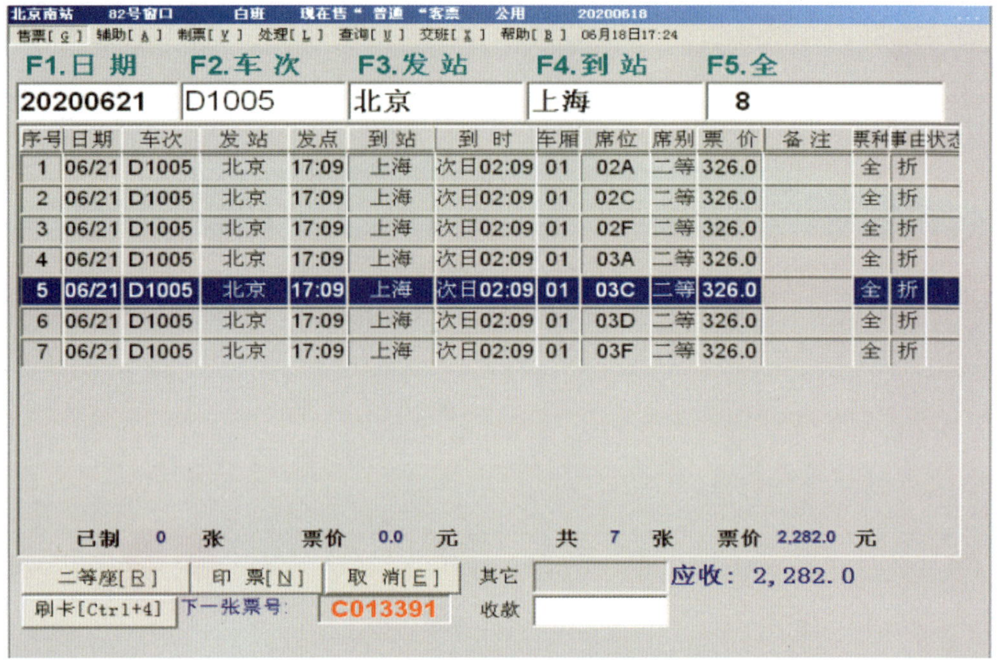

图 3-17 主数据界面（已取票信息）

（8）输入身份信息。

确认已取的车票（席位）后，单击“印票”按钮或按 Alt+N 键，系统自动弹出“是否需要购买铁路乘意险”提示框，询问旅客的意愿，根据旅客的意愿选择“是”或“否”，选择完毕后进入“证件信息录入”窗口。若旅客持可识读的购票证件购票，通过身份证件读取设备读取证件号和姓名；其他不可识读购票证件，需要售票员手工录入证件号和姓名。

按 F1 键选择证件类型，系统默认证件类型为“二代居民身份证”，其他证件类型可通过下拉列表进行选择，或直接输入证件类型简码（见表 3-2）。可识读证件类型可直接放置在身份证件识读器上，按 F7 键直接读取身份信息。

表 3-2 证件类型简码

类型名称	类型简拼	类型名称	类型简拼	类型名称	类型简拼
二代居民身份证	ED	军官证	JG	领事馆证	LG
外国人出入境证/外交部开具的外国人身份证明	WR	军队文职干部证	JW	海员证	HY
临时身份证	LS	军队学员证	JX	户口簿	HK
港澳居民来往内地通行证	GN	军人保障卡	JB	中华人民共和国旅行证	LX
军队离退休干部证	JT	外国人居留证	WL	台湾居民来往大陆通行证	TN

续表

类型名称	类型简拼	类型名称	类型简拼	类型名称	类型简拼
中华人民共和国往来港澳通行证	NG	武警警官证	WJ	士兵证	JS
大陆居民往来台湾通行证	NT	护照/护照报失证明	HZ	外交官证	WG

若选择的证件类型为非直接识读证件，按回车键后，光标自动跳转到“证件号码”框内，输入证件号码后，按回车键，光标自动跳转到“输入旅客姓名”框内。

输入身份信息界面如图 3-18 所示。

图 3-18 输入身份信息界面

正确输入证件号码和旅客姓名后，单击“确认”按钮或按 Alt+Q 键进行确认。之后弹出输入旅客手机号对话框（根据防疫部门要求，为加强新冠肺炎疫情防控工作，便于在需要时及时联系乘车旅客，从 2020 年 2 月 1 日起，购票人须提供每一名乘车旅客本人使用的手机号，方可购票）。输入旅客手机号对话框如图 3-19 所示。

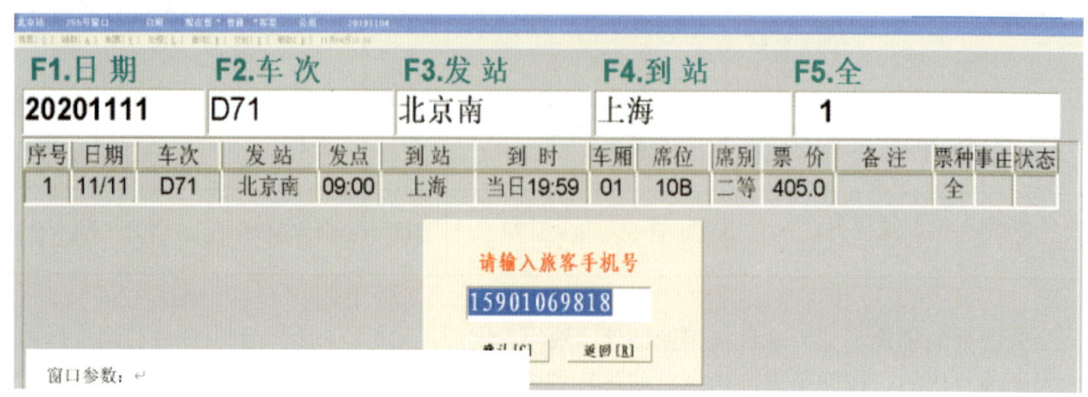

图 3-19 输入旅客手机号对话框

（9）费用支付。

① 现金支付。

输入旅客手机号后，系统弹出“是否确认使用现金收取车票票款！”确认框，如图 3-20 所示，询问旅客付款方式，若旅客表示使用现金支付，则单击“是”按钮（或按 Alt+Y 键），反之，则单击“否”按钮（或按 Alt+N 键）。

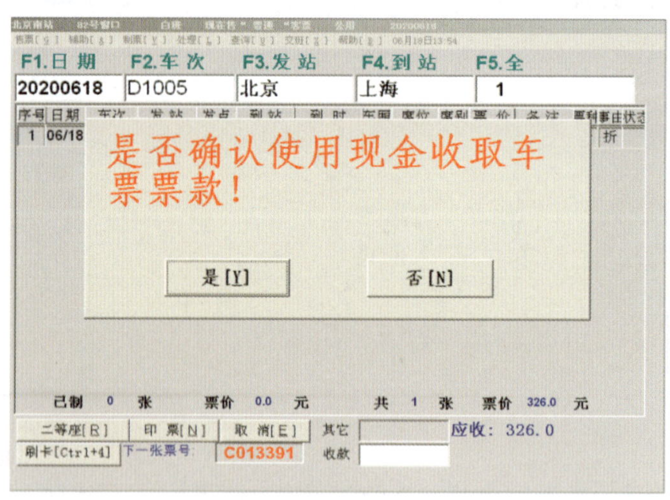

图 3-20 “是否确认使用现金收取车票票款！”确认框

向旅客唱报收款金额，将所收款额输入“实收款”栏，按回车键确认，界面显示找零款额，认真清点后，正确找零。

② 银行卡支付。

若在图 3-20 中，选择“否”，则弹出“银行卡支付”和“积分支付”选择确认框，如图 3-21 所示。

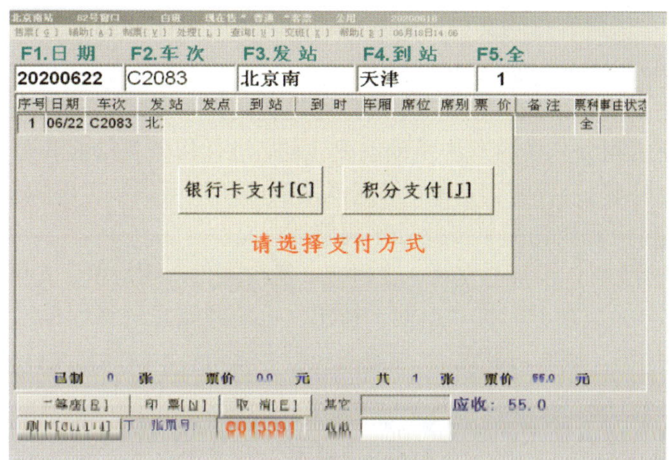

图 3-21　“银行卡支付”和“积分支付”选择确认框

若旅客选择使用银行卡支付，则单击“银行卡支付”按钮，系统弹出银行卡支付界面，在此界面中，选择 POS 机类型（即 POS 机的所属银行——收单行），选择卡类型（银行卡），单击“扣款”按钮，系统会向 POS 机发送扣款指令，POS 机屏幕上提示“刷卡”。

在 POS 机上进行刷卡操作后，POS 机屏幕会显示银行卡号，核对卡号后按 POS 机上的确认键，POS 机的小键盘会显示支付金额，请旅客输入密码并确认后，POS 机即向银行发出扣款请求，并等待接收数据。

银行扣款成功后，POS 机会打印两联“消费单”，第一联为商户存根，交由旅客签字，核对旅客签字后收回；第二联为客户存根，交给旅客。单据打印完成后，售票系统会弹出扣款成功提示。单击“确认”按钮，返回银行卡扣款成功界面（见图 3-22）。

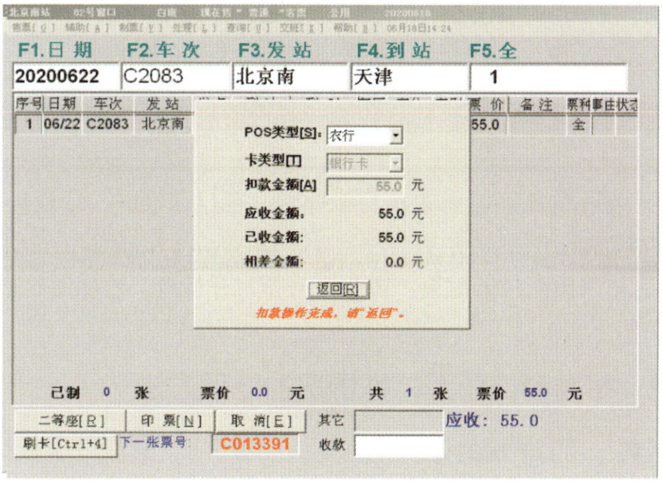

图 3-22　银行卡扣款成功界面

③ 支付宝、微信支付。

若客户选择支付宝、微信支付，售票员应先进行“软 POS”签到，之后在系统里选择支付宝支付或微信支付，通过专用扫描设备读取旅客的支付二维码，或将付款码显示到旅客可看见的售票屏幕上，供旅客扫码支付。扣款成功后，请旅客在 POS 凭条上签字。

④ 积分支付。

首先应当明确：可使用积分兑换的车次是通过客运营销系统分析得出的（根据客座率确定），因此每天可使用积分兑换的车次是动态变化的，进行积分支付前要确定可积分支付的车次。先用售票程序的到站余票查询功能，筛选满足当前发站至到站可用积分兑换的车次信息。

具体的积分支付流程较为简单，此处不再赘述。

无论是使用现金支付，银行卡支付，支付宝、微信支付，还是积分支付，扣款（积分）成功后，在扣款（积分）成功界面按“返回”按钮，系统开始发送行程提示短信、打印行程信息提示、换取报销凭证（旅客需要时）。付款（积分）成功后，后续售票作业如图 3–23 所示。

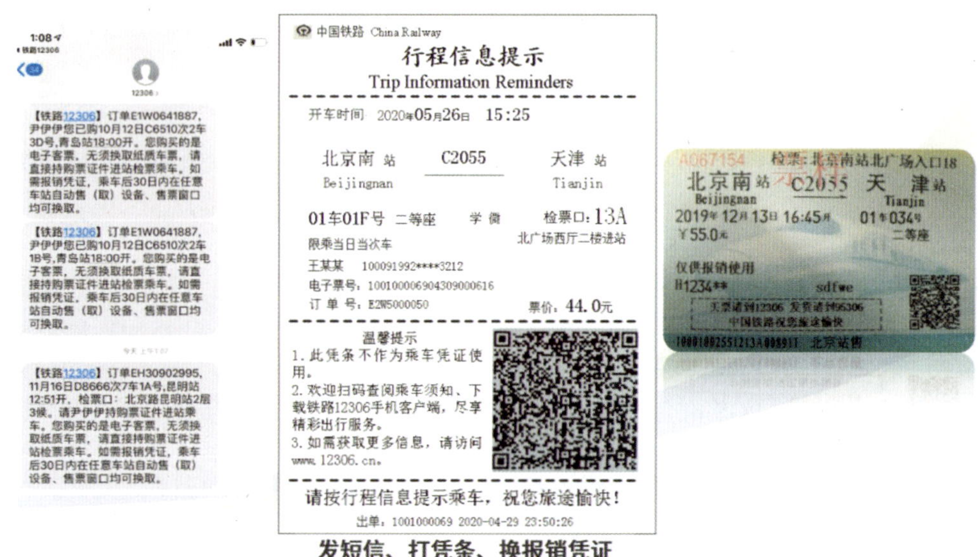

发短信、打凭条、换报销凭证

图 3–23 付款（积分）成功后，后续售票作业

对于使用现金支付的旅客，售票员将找零、行程信息提示、报销凭证（若旅客需要）交给旅客。

对于使用银行卡支付的旅客，售票员将银行卡、客户存根联、行程信息提示、报销凭证（若旅客需要）交给旅客。

对于使用支付宝、微信支付的旅客，售票员将客户存根联、行程信息提示、报销凭证（若旅客需要）交给旅客。

职业能力 3.3.2 掌握窗口售票特殊情况的处理方法

1. 发生车票误售、误购情况的处理方法

在铁路售票窗口，当乘车日期、车次、发站、到站、席别、姓名、身份等票面信息有误时，旅客当场提出的，售票员可在制票后的 30 min 内进行作废处理；不收退票费，并重新发售新票；未当场核对，过后提出异议的，由旅客自行负责。

因站名相似或口音不同发生车票误售、误购时，应在购票站换发新票。电子客票误售处理流程如下。

（1）在主菜单中选择“处理”，在下拉菜单中选择“电子客票误售处理”（也可以直接按 Alt+E 键），如图 3–24 所示。

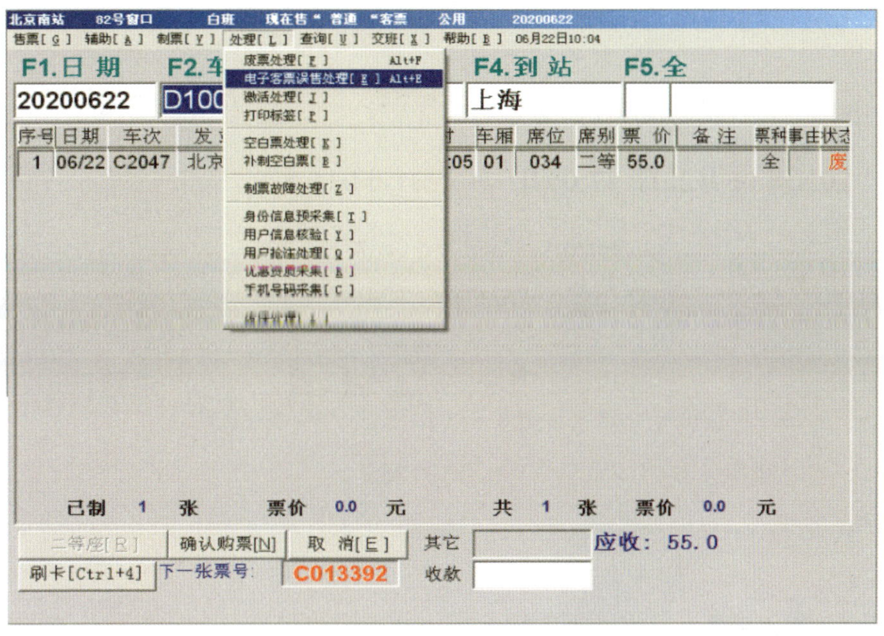

图 3–24　选择电子客票误售处理功能

（2）进入电子客票误售处理对话框，输入误售电子票号中 9 开头的后 7 位数字，如图 3–25 所示。

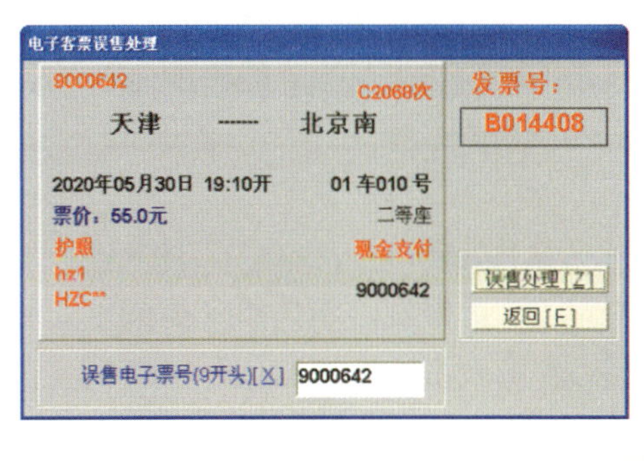

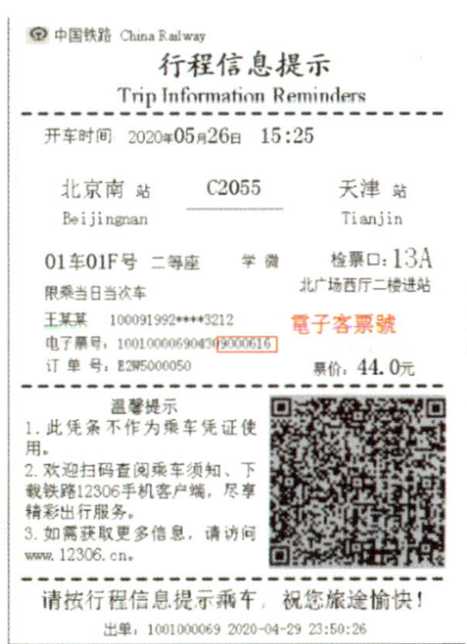

图 3–25　输入误售电子票号中 9 开头的后 7 位数字

（3）单击“误售处理”按钮，在弹出的误售处理确认框中，确认是否对所指定的客票进行误售处理，如图 3–26 所示，单击“是”按钮后，确认进行误售处理。

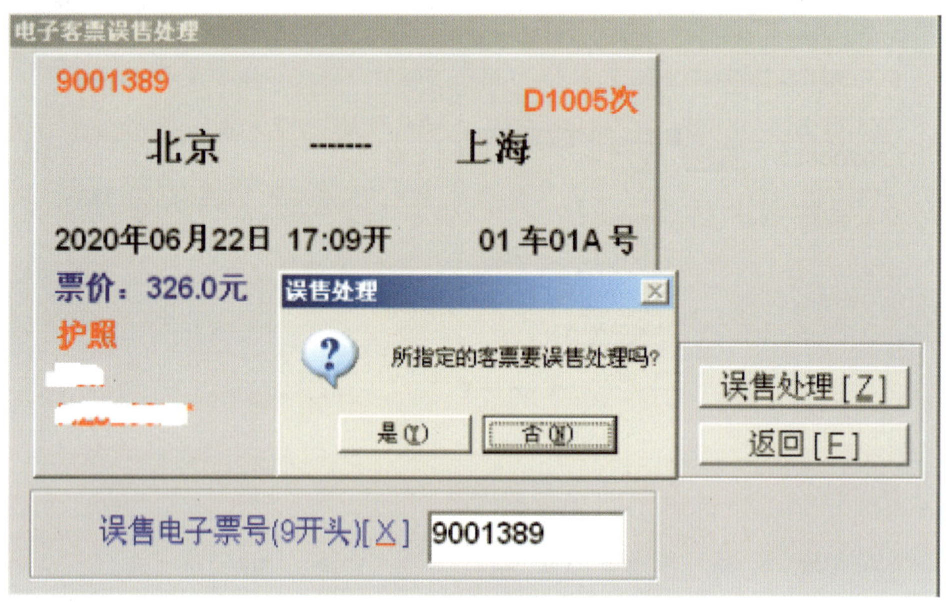

图 3-26　确认是否对所指定的客票进行误售处理

2. 旅客购买离发车时间很近的车票时的处理方法

旅客购买离发车时间很近的车票时，售票员应提醒旅客以下几点。

（1）车站售票厅、进站口、检票口、站台之间有一定距离，需要一定的走行时间，为了确保旅客人身安全和铁路运输秩序，车站将在开车时间之前提前停止售票、检票，购买车票时需预留一定的发车时间间隔，预留足够时间，在停止检票时间前抵达检票口。

（2）车站售票窗口、安检口、实名制验证口、检票口、行包房受理窗口等排队人数可能较多，应预留足够的时间办理换取报销凭证、行李托运、安全检查、实名制验证、检票等手续。进站、候车时，要注意来自广播、电子显示屏、工作人员等处的关于列车停靠站台、检票口、开始检票时间、开车时间等信息的提示。

3. 发生旅客插队购票情况的处理

当发生旅客插队购票情况时，应视具体情况分类处理。

（1）遇恶意插队旅客，应秉承维护“公平正义”的原则，不为插队旅客办理业务，提醒插队旅客排队购票，必要时呼叫安保人员和铁路警务人员。

（2）遇旅客购买某方向最后一趟即将开行列车的车票，或插队旅客年老体弱、身有残疾、带有儿童等特殊情况，在征得其他旅客同意的情况下，为确有困难的插队旅客提前办理，并向其他旅客表示感谢。

职业能力 3.3.3　掌握窗口售票岗位作业流程与质量标准

窗口售票岗位作业流程如图 3-27 所示。

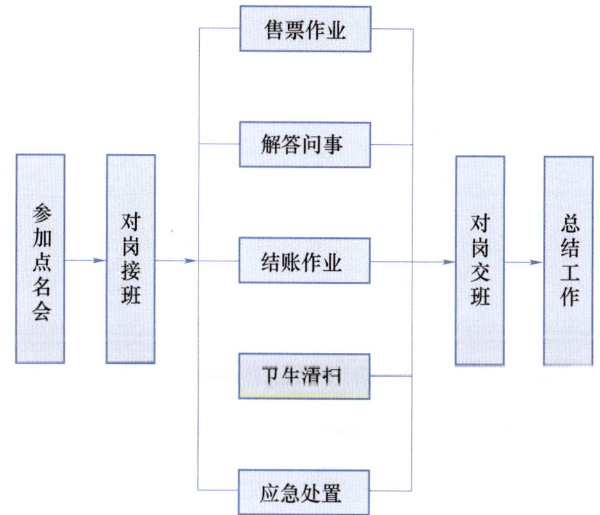

图 3-27 窗口售票岗位作业流程

1. 班前准备

（1）作业流程。

① 按照规定时间在指定地点参加点名会。

② 整理着装和仪容仪表。

③ 记录文电、命令及重点事项。

④ 接受业务试问。

（2）质量标准。

① 准时参加点名会，不迟到、不早退。

② 着装整齐，标志齐全，仪容整洁，精神饱满。

③ 对重点工作事项掌握清楚，文电、命令记录准确。

④ 业务试问回答准确。

2. 班中作业

1）对岗接班

（1）作业流程。

① 列队上岗，对岗交接。

② 接清票据票款、备用金、设备设施、工位卫生、安全风险、生产指标、工具备品、规章资料、列车运行情况、文电、命令及重点事项。

③ 填写交接班簿，签字盖章。

（2）质量标准。

① 排列有序，两人成排、三人成列，走姿端正，行进中步伐一致。

② 接班时间短，速度快。做到“六不接”，即票据现金不正确不接，列车运行情况不清楚不接，电报、命令不掌握不接，现场卫生不达标准不接，设备、备品丢损责任不清不接，重点事项不明不接。

③ 账簿填写正确，字迹清楚，印鉴齐全，若要修改，按规定办理并盖章。

2）售票作业

（1）作业流程。

① 开窗售票。打开售票程序，输入工号、密码，选择班次，核对票号，对银行 POS 机、软 POS 机进行签到，开窗售票。

② 业务办理。按窗口功能及业务要求办理实名制售票、退改签、换取票、挂失补、中转签证、身份核验、订单查询、公免签证等业务，支持现金、银行卡等支付方式。

- 按照“问、输、收、做、核、交”六字售票法发售车票。
- 按照“看、输、核、盖、交”五字退票法办理退票。退挂失补车票时核对客运记录并收回，与退票一并上交。
- 按照“问、看、输、核、做、盖、交”七字改签法改签车票，对于开车后改签的车票应告知旅客不予退票。

③ 请领票据。查看窗口余留票据，按使用量请领。

④ 填写账册。填写票据报表、表簿等资料，加盖印章。

⑤ 暂停作业。关闭窗口要提前请示、上报，经值班员同意后方可离岗，落实票据现金安全管理制度。

⑥ 遵守纪律。遵守售票纪律，执行相关规章制度和作业标准。

（2）质量标准。

① 售票作业达到“六无”。

无票款遗失、漏交。

无误进班次。

无误售、退、改客票。

无票据填写差错。

无票据丢失、越号。

无溢赔款。

② 票款安全“两做到”。

窗口离人时系统进入暂停界面、抽屉加锁、钥匙随身携带、离开超过 15 min 要退出售票系统。

现金票据入柜及时、不超储、不短缺、金柜使用密码。

③ 售票作业“六字”法。

一是问，问清旅客购票方式、乘车日期、车次、发到站、席别、票种、张数、证件类型、支付方式、订单号（互联网购票的使用二代身份证原件取票，不需提供订单号）。

二是输，向旅客收取有效身份证件后使用自动识读设备或手工输入证件号码、姓名、订单号，窗口购票时还应输入乘车日期、车次，选择发到站、票种、数量及席别。

三是收，收取旅客购票款后认真清点并输入系统，电子支付时刷卡并打印凭条，互联网购票换票时不收票款。

四是做，即打印车票。

五是核，核对票面上的信息与旅客证件号码、姓名是否一致，价格是否正确，发现票号不一致或证件号码错误时应及时改正，相关信息不一致的车票禁止出售。

六是交，将车票、购票使用的证件、余款（银行卡）交给旅客，若使用电子支付，需旅客在凭条上签字后留存，将另一联交给旅客。

④ 退票作业“五字”法。

一是看，看票面日期、车次、发到站、票价、有效期、改签日期、身份信息、票证信息是否一致，是否为开车后改签的车票，是否为银行卡支付的车票（对银行卡支付的车票应提示旅客出示原购票时所用的银行卡），是否为网银支付的车票（对使用网银支付的车票应提示旅客退款将退入网银支付时使用的银行卡）。

二是输，确认信息无误后输入系统，使用电子支付的需刷卡。

三是核，核对票面内容和屏幕显示信息一致后按确认键，并注意核对退票理由，按计算机显示的净退款额核清现款，对使用电子支付的要打印凭条。

四是盖，在票面上盖“退”字章或注明此票“已退”。

五是交，将证件、票款、凭条和退票凭证一起交给旅客。

⑤ 改签作业“七字”法。

一是问，问清旅客改乘日期、车次、席别。

二是看，看票面日期、车次、发到站及预售期内票额是否可以满足旅客需求，是否为银行卡或网银支付的车票，并告知旅客需要补收或退还的票款；提示旅客原票为银行卡或网银、支付宝（微信）支付的车票需退款时退至购票时所用的银行卡或网银、支付宝（微信）内；需加收票款时，必须先用银行卡支付新票票款，然后退还原票票款；经旅客同意后进行改签。

三是输，把原票信息输入计算机。

四是核，核对输入的信息是否正确，新票信息是否与旅客要求的日期、车次相符。

五是做，产生差额时，对现金支付的，实行多退少补，对银行卡或网银、支付宝（微信）支付的，退款时直接退至银行卡或网银、支付宝（微信）内；需加收票款时先刷卡后退款，POS 机打印“消费凭条”和“退款凭条”，支付宝（微信）支付的无凭条。打印始发或改签车票。

六是盖，在原票正面加盖“改签”戳，将原票用纸绳穿订，妥善保管，不丢失。

七是交，核清票款，将新票及找零款或应退票款、凭条一并递交给旅客。

⑥ 售票纪律做到“八不准”。

不准私自携带现金、提包、手机等进入工作岗位。

不准利用当班之机提前制票、抢票。

不准违反规定囤积、私留车票。

不准代买代卖车票。

不准一次售票超过规定数量。

不准违反规定办理电话订票及互联网取票手续。

不准违规办理退票、改签。

不准应急处置窗口人员使用应急处置功能随意查询有关电话订票信息或利用该功能泄露有关电话订票的资料。

3）解答问事

（1）作业流程。

接待旅客来访，解答旅客的问事，处理旅客的问题。

（2）质量标准。

执行首问首诉负责制，解答问题耐心、态度和蔼，查询仔细，有问必答、答必准确。

4）结账作业

（1）作业流程。

① 听从值班员安排错时关窗结账。

② 将改签票、退票捆扎加封、盖章并注明日期，按要求上交票据、客运记录。

（2）质量标准。

① 现金当面清点且正确，凭条累计准确，准确地在计算机系统中输入金额，做到先交款后结账且账款相符，严禁代交。

② 收回票据不串号、不短少，客运记录齐全。

5）卫生清理

（1）作业流程。

① 清理职场卫生。

② 将设备备品定位摆放。

（2）质量标准。

① 随脏随扫，卫生达标。

② 将备品隐蔽定位，用时在手，不用时在位。

6）应急处置

（1）作业流程。

遇非正常情况时启动相关应急处置预案及处置规范，按照职责分工做好应急处置工作。

（2）质量标准。

信息通报及时准确；应急处置预案（规范）启动及时，妥善处置。

7）对岗交班

（1）作业流程。

① 列队离岗，对岗交接。

② 交清设备设施、环境卫生、票据现金、列车运行情况及重点事项。

③ 填写交接班簿，签字盖章。

（2）质量标准。

① 排列有序，两人成排、三人成列，走姿端正，行进中步伐一致。

② 交班时间短，速度快。做到“六不交”，即票据现金不正确不交、列车运行情况不清不交、电报命令不掌握不交、职场卫生不达标准不交、设备备品丢损责任不清不交、重点事项不明不交。

③ 正确填写记录，确保票号准确，字迹清楚，出现书写错误要按规定修改并加盖名章。

3. 班后总结

（1）作业流程。

开展自我讲评，听取值班员的班工作总结，吸取经验教训。

（2）质量标准。

成绩讲清，问题明确，不断改进工作。

4. 注意事项

售票员在工作中除注意遵守车站服务质量规范的相关规定外，还应注意以下事项。

（1）执行相应的管理制度、办法、规章，认真填写资料、台账。

（2）执行售票作业程序，严格按照六字售票法、五字退票法、七字改签法售、退、改车票；遇特殊情况需暂离窗口时，应将售票系统设置为暂停状态，并在确保票据、票款安全的情况下才可离开。

（3）执行废、退票管理制度，将废、退票按规定时间输入系统，及时加盖“退”字章。

工作任务 3.4　进行自动售/取票机维护作业

职业能力 3.4.1　掌握自动售/取票机业务准备技能

1. 登录系统

打开计算机网页浏览器，进入“自动售票管理系统”网页界面，输入车站代码、用户编号及用户口令登录“自动售票管理系统”。

2. 备用金及票据（发票）的准备

按照上个班次在窗口交接簿上填写的票卷卷数和起号，核对自助售/取票机内未售票卷卷数及未售票据的起号是否一致。

登录“自动售票管理系统”后，单击“现金业务管理”，在屏幕左侧菜单栏内单击“在用钱箱及票卷信息”，将会显示“在用钱箱及票卷信息”界面。查看各自助终端内找零款、票卷使用情况，根据票卷使用情况请领票据，并根据找零款余量情况请领备用金，对请领的备用金进行分类规整，按照币值分别逐张清点，确认无误后将相应的币值放入对应的找零抽屉内。

3. 设备巡查

检查自动售/取票设施设备是否良好，检查备品是否齐全，通过“自动售票管理系统”对自助终端的运行状态进行巡视，发现故障及时维护，遇不能维修情况立即上报，及时解决问题，保障机器正常运转。查询操作流程：登录“自动售票管理系统”后，单击“终端业务管理”，在屏幕左侧菜单栏内单击“终端状态查询”，将会显示各自助终端的状态，在最右侧的查看栏中选择查看，即可看到该终端所有的历史状态记录。

自助终端的状态可以依据“自动售票管理系统”界面所显示的状态颜色进行确认，终端状态为绿色代表设备正常运行、蓝色代表登录维护状态、黄色代表系统发生故障、红色代表设备发生故障、灰黑色代表处于关机状态。

职业能力 3.4.2　掌握自动售/取票机维护作业流程

1. 更换票（报销凭证）卷

（1）操作人员领取票卷。

（2）操作人员在无人购票时打开自动售/取票机后门，自动售/取票机暂停服务。

（3）操作人员登录维护面板界面。

（4）操作人员在维护面板界面上确认备用票卷的槽位和首票号。

（5）操作人员安装票卷。

（6）系统打印更换票卷操作凭条。

2. 更换行程信息提示单纸卷

（1）准备好纸卷，操作人员在无人操作时打开自动售/取票机后门，自动售/取票机进入暂停服务状态。

（2）操作人员登录维护面板界面，更换纸卷。

（3）操作人员打印测试凭条，确保凭条打印正常。

3. 清点入钞箱

自动售票管理财务人员在收到入钞箱时，需要根据入钞箱更换凭条清点纸币并登记，在数目错误时需要对入钞进行对账核查。

4. 清点纸币找零箱

自动售票管理财务人员在收到纸币找零箱时，需要根据纸币找零箱更换凭条清点纸币并登记，当数目错误时需要对纸币找零进行对账核查。

5. 清点硬币回收箱

自动售票管理财务人员在收到硬币回收箱时，需要根据硬币回收箱更换凭条清点硬币并登记，当数目错误时需要对硬币找零进行对账核查。

6. 将纸币装入纸币找零箱

自动售票管理财务人员需要及时准备纸币找零箱，向收回的纸币找零箱补充规定面值和规定数目的纸币，并做好登记。运营操作人员在领取纸币找零箱时也需要登记确认。

7. 将硬币装入硬币回收箱

自动售票管理财务人员需要及时准备硬币回收箱，向收回的硬币回收箱补充规定数目的硬币并做好登记。运营操作人员在领取硬币回收箱时也需要登记确认。

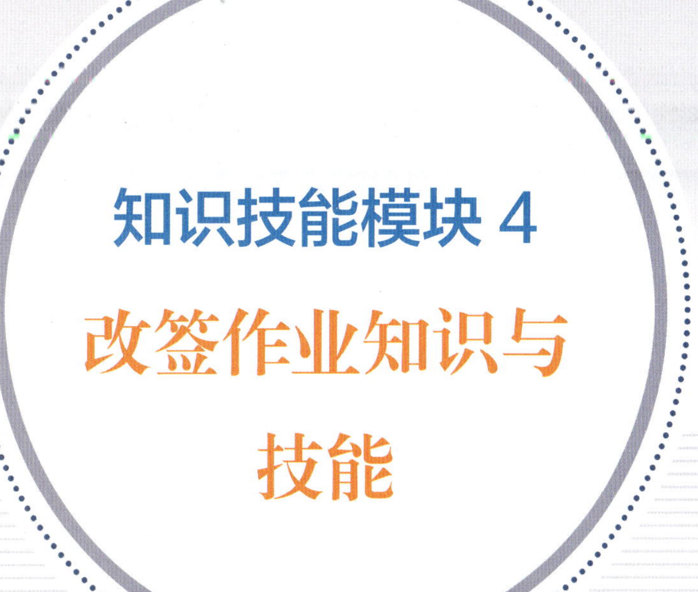

知识技能模块 4

改签作业知识与技能

模块导入

改签作业是常见的票务作业项目，其在方便旅客出行方面具有极大的作用，是铁路运输企业贯彻“人民铁路为人民”宗旨的重要表现。改签作业、变更到站作业有明确的作业规则，应依据相关规则，为旅客办理改签与变更到站作业。

思政课堂

春运售票的故事——改签旅客靠盖印章来区分

一张春运火车票，开启了思乡回家路，2018 年春运期间，铁路老售票员康顺兴向记者讲述了那些年的春运售票故事。从 20 世纪 80 年代众人半夜涌向火车站窗口抢购车票，到如今一点鼠标就能买到回家的车票，铁路在发展，春运的味道也在变。用康顺兴的话说，“铁路人的服务理念也从别出差错，变成了如何为旅客提供更优质的服务。”

康顺兴介绍说，20 世纪 80 年代的春运，铁路售票窗口没有采用透明的玻璃，旅客与售票员互相看不见，售票“小孔”里，常伸进来很多只手，有的旅客需要改签，等我们办完了改签，却经常不知道该把票给谁了。于是，我们就想了一个办法，给正在办理业务的旅客手上盖一个小印章。办完票，一看印章，就知道该把票给谁了。康顺兴还说，这种办法是他们站自己研究出来的土办法，并不是所有火车站售票窗口都会如此。

20 世纪 90 年代的春运，出行旅客更多的是农民工和外出旅行的游客。“那会儿，不仅售票大厅换成了玻璃窗，车站外还专门搭起一排排的临时售票处，方便旅客购票。不过，旅客依旧排着长长的、看不到尽头的队伍。”康顺兴说，那些年，铁路快速列车已经跑到每小时 140 公里了。

进入 21 世纪，随着中国进入高铁时代，蓝色磁介质车票开始广泛使用，实名制验证验票规定的实施，自助购票设备的普及，网络购票的兴起，微信、支付宝线上支付，同城优惠卡和常旅客畅行服务的推广，铁路的发展真的可以用飞速来形容。

康顺兴告诉记者，铁路推出互联网购票以来，更多的旅客不再到窗口购票，春运排长队购票的现场几乎已经看不到了。从某一层面来看，铁路科技发展不仅方便了旅客，也让铁路售票员的工作轻松了很多，但从另一个层面来看，随着时代的发展变化，旅客对于铁路的服务也有了更高的要求。

新世纪以来不仅是铁路的线网、列车等硬件在不断突破、创新，铁路人的工作服务理念也已发生改变——从最初的浅显营销理念蜕变成如今的旅客至上理念。“20 世纪 80 年代那会儿，木板儿底下的小孔洞里全是手，每天超负荷地工作，哪儿还顾得上什么服务质量。别卖错票、别自己掏腰包补票款就是万幸。现在可大不一样了，按照铁路系统的要求，我们必须要把旅客时刻放在心上，把服务质量放在第一位。”康顺兴笑着说道。

（改编自光明网 2018 年 2 月 2 日文章
《一张火车票峰回路转 30 年 春运售票的故事你还记得吗》，作者：曹晶瑞）

工作任务 4.1 认知改签作业规则

职业能力 4.1.1 掌握改签作业基础知识

1. 改签的概念

改签是指旅客变更乘车日期、车次、席（铺）位时需办理的签证手续。铁路部门提醒旅客，改签以铁路有运输能力（即可售车票）为前提，只变更乘车日期、车次、席（铺）位，不变更发站和到站（同城车站除外）。

依据合同法和《铁路旅客运输规程》有关规定，旅客应当在开车前改签；特殊情况经站长同意的，可在开车后 2 h 内办理。其中“特殊情况”，主要是指自然灾害、恶劣天气等不可抗力因素及旅客突发伤病等情形。

自 2015 年春运开始，铁路部门进一步推出了方便旅客的服务措施，放宽了开车后改签的条件，即：在当日其他列车有余票的情况下，允许旅客在开车后办理改签。其主要变化如下：一是扩大了范围，取消了“特殊情况”的限制条件，只要当日其他列车有余票，任何旅客均可在开车后办理改签；二是延长了办理时间，将“开车后 2 h 内”延长至当日 24 时之前；三是简化了办理流程，无须经站长同意，在车站售票处改签窗口即可直接办理。铁路部门在现有条件下推出这一服务举措，方便了广大旅客，也需为此承担一部分经济损失。今后，根据运输能力和服务能力情况，铁路部门可能对相关规定进行调整。

铁路部门提醒旅客，当日没有其他列车或者当日其他列车没有余票时，不能改签，请广大旅客予以理解。

2. 办理车票改签时产生差额的收取或退还

原车票使用现金购票的，新车票票价高于原车票时，补收差额；新车票票价低于原车票时，退还差额，对差额部分核收退票费并执行现行退票费标准（均以现金结算）。原车票在铁路售票窗口使用银行卡购买的，或者在 12306.cn 网站（12306 手机 App）使用在线支付工具购买的，按发卡银行或在线支付工具相关规定，新车票票价高于原车票时，应使用银行卡支付新车票全额票款，原车票票款在规定时间退回原购票时所使用的银行卡或在线支付工具；新车票票价低于原车票时，退还差额，对差额部分核收退票费并执行现行退票费标准，应退票款在规定时间退回原购票时所使用的银行卡或在线支付工具。

办理网络改签后，铁路会将退款的信息实时传给银行，银行是否实时将退款到账，可咨询发卡行客服；正常情况下，退款一般会在 15 个工作日内到账。

3. 在车站购买的电子客票办理改签规定

（1）使用电子支付方式通过车站售票窗口、自动售票机、铁路车票代售点购买的铁路电子客票，均可通过车站指定窗口办理改签手续。在 12306.cn 网站注册且通过手机 App 完成人脸身份核验的旅客，也可通过 12306.cn 网站办理其他人使用电子支付方式通过车站售票窗口、自动售票机、铁路车票代售点和 12306.cn 网站为其购买的铁路电子客票改签手续。已打印报销凭证的铁路电子客票办理改签时，旅客须交回报销凭证。

（2）在有运输能力的前提下，开车前 48 h（不含）以上，可改签预售期内的其他列车；开车前 48 h 以内，可改签开车前的其他列车，也可改签开车后至票面日期当日 24:00 之间的其他列车，不办理票面日期次日及以后的改签；开车之后，旅客仍可改签当日其他列车。已经办理“变更到站”的车票，不再办理改签。

4. 办理改签注意事项

（1）旅客在变更旅行计划前，应先通过 12306.cn 网站（12306 手机 App）、12306 客服电话、车票售票窗口显示屏等方式查询拟乘坐的列车是否有足够余票，避免到时因没有余票不能改签而影响行程。

（2）目前，实名制车票改签或变更到站不需出示有效身份证件，但是，在 12306.cn 网站（12306 手机 App）购票的旅客，在车站售票窗口改签或变更到站时，使用居民身份证购票的，应提供购票时所使用的乘车人有效居民身份证原件；居民身份证无法自动识读或者使用居民身份证以外的其他有效身份证件购票的，应出示购票时所使用的乘车人有效身份证件原件和订单号码。

（3）非实名制通票中转签证实名制车票时，按实名制办理，应提供乘车人有效身份证件原件或复印件。

（4）一张车票可以办理一次改签。车票改签后，旅客取消旅行的，可以按规定退票，但开车后改签的车票不能退票。对已改签车票暂不提供“变更到站”服务。

（5）按团体旅客办理的车票，改签、退票时，应不晚于开车前 48 h。

（6）改签新车次过改签原票发站/到站的，系统自动改签原来的发站/到站。

（7）改签业务原则：改签新车次不过改签原票发站/到站，但是过改签票原发站/到站的某一个同城车站，系统自动改签原票发站/到站的同城车站。

（8）改签新车次不过改签原票到站，但是过改签票原到站的多个同城车站，系统自动改签原票到站的同城车站中最先到达的同城车站，如有必要也可以手工修改。

（9）改签车票，如遇新票票面不清或车票不可用，可将改签新票作废，再通过合同制票重新换取车票。

（10）改签车票，如遇新票改签错误，可将改签新票做电子票误售处理，重新购买车票即可。

（11）积分购买的车票改签在满足以上改签规则的前提下还需多缴 1 000 积分作为改签手续费。改签差价遵循多不退、少补的原则。

（12）积分改签的新票退票时与正常积分兑换车票退票规则一致，退票时改签手续费积分不退。

职业能力 4.1.2　掌握变更到站作业基础知识

1. 变更到站的概念

自 2015 年 6 月 10 日起，铁路客运部门推出“变更到站”服务，即：旅客购票后，可根据行程变化，重新选择新的目的地，在车票预售期内变更到站及乘车日期、车次、席位。

2. 办理“变更到站”的规则

办理变更到站应在原车票车次开车前 48 h 以上，任意选择有余票的列车。已经换取报销凭证的，应在车站指定售票窗口办理。在 12306.cn 网站（12306 手机 App）购票未换取报销凭证的，也可在 12306.cn 网站（12306 手机 App）办理。已改签车票、团体票及通票暂不提供“变更到站”服务。

3. 办理“变更到站”后，产生票价差额的收款或退款

原车票使用现金购票的，新车票票价高于原车票时，补收差额；新车票票价低于原车票时，退还差额，并对差额部分核收退票费，执行现行退票费标准（均为现金）。原车票在铁路售票窗口使用银行卡购买的，或者在 12306.cn 网站（12306 手机 App）使用在线支付工具购买的，按发卡银行或在线支付工具相关规定，新车票票价高于原车票时，应使用银行卡支付新车票全额票款，原车票票款在规定时间退回原购票时所使用的银行卡或在线支付工具；新车票票价低于原车票时，退还差额，对差额部分核收退票费并执行现行退票费标准，应退票款在规定时间退回原购票时所使用的银行卡或在线支付工具。

非涉港列车改签时间节点见表 4–1。

表 4–1　非涉港列车改签时间节点

改签时间节点				
距票面发车时间（判断改点和晚点调令后）	改签范围	是否允许改签	是否允许变更到站	改签新票发车日期是否允许大于原票发车日期
距开车时间＞48 h	全国各站通签	允许	允许	允许
开车前 48 h 内	全国各站通签	允许	不允许	不允许
开车后 2 h 内	购票、乘车所在地车站	高铁-当日，提示已开车，允许； 高铁-跨日，提示已开车，是否改签，经授权后允许； 普通车，提示已开车，是否改签，经授权后允许	不允许	不允许
开车后 2 h 后	购票、乘车所在地车站	高铁-当日，提示已开车 2 h，允许； 高铁-跨日，提示已开车，是否改签，经授权后允许； 普通车，提示已开车 2 h，是否改签，经授权后允许	不允许	不允许

涉港列车改签时间节点见表 4–2。

表 4–2　涉港列车改签时间节点

改签时间节点				
距票面发车时间（判断改点和晚点调令后）	改签范围	是否允许改签	是否允许变更到站	改签新票发车日期是否允许大于原票发车日期
距开车时间＞48 h	全国各站通签	允许	允许	允许

续表

改签时间节点				
距票面发车时间（判断改点和晚点调令后）	改签范围	是否允许改签	是否允许变更到站	改签新票发车日期是否允许大于原票发车日期
开车前 48 h 内	全国各站通签	允许	不允许	不允许
距开车时间＜60 min 且发站为香港西九龙站	全国各站通签	不允许	不允许	不允许
距开车时间＜30 min	全国各站通签	不允许	不允许	不允许

工作任务 4.2　进行改签作业操作

职业能力 4.2.1　掌握改签作业技能

（1）按 Alt+Z 键或通过菜单栏进入发售始发签证票界面（见图 4–1）。

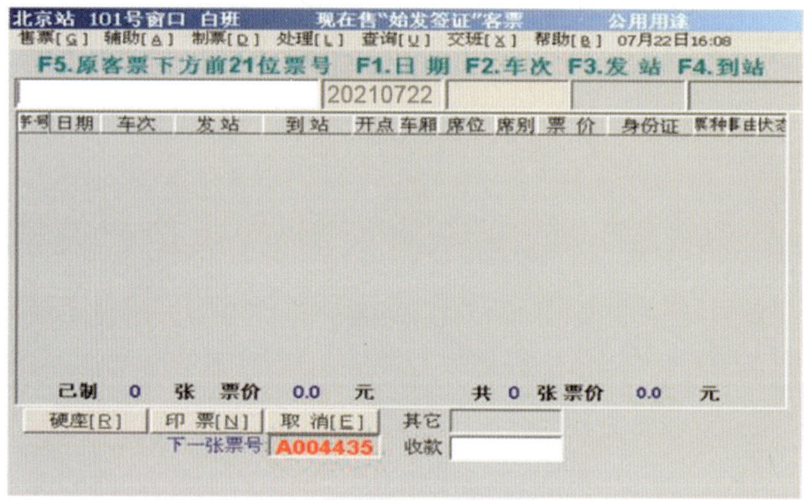

图 4–1　发售始发签证票界面

（2）通过读取原购票证件或人工输入订单号+购票证件号码或扫描购票信息单二维码或人工输入电子客票 21 位码还原原票信息，按 Alt+Q 键确认改签，如图 4–2 所示。

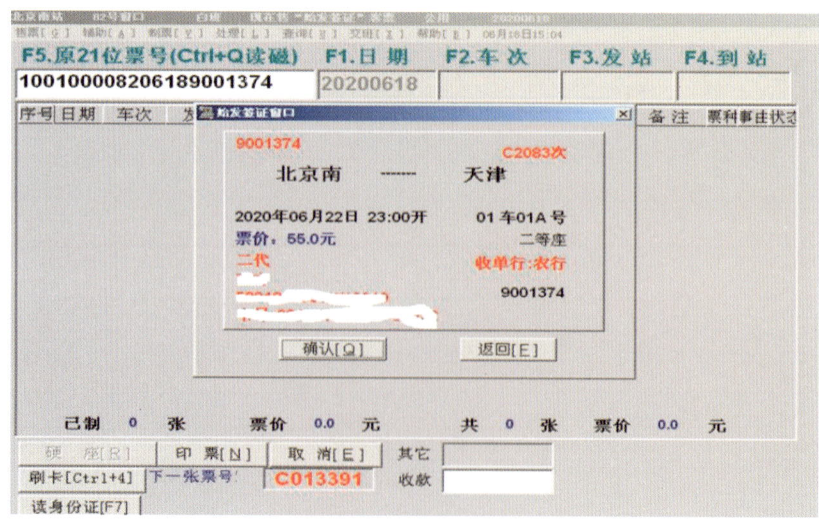

图 4–2　始发签证窗口

（3）按 Alt+Y 键确认改签，如图 4–3 所示。

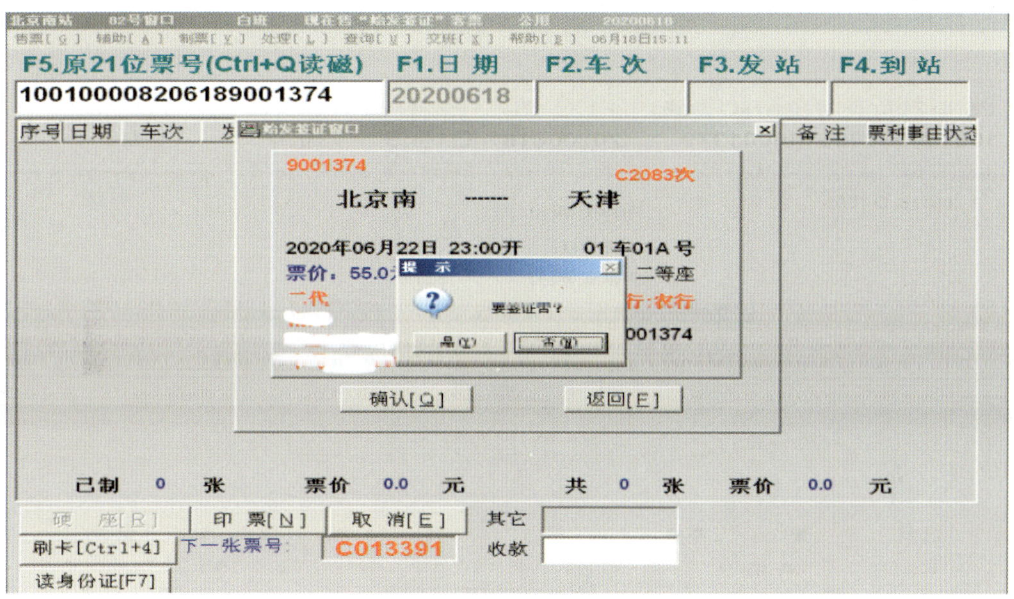

图 4–3　确认改签

（4）输入乘车日期、输入车次、输入席别（操作方法与售票作业操作类似），如图 4–4 所示。

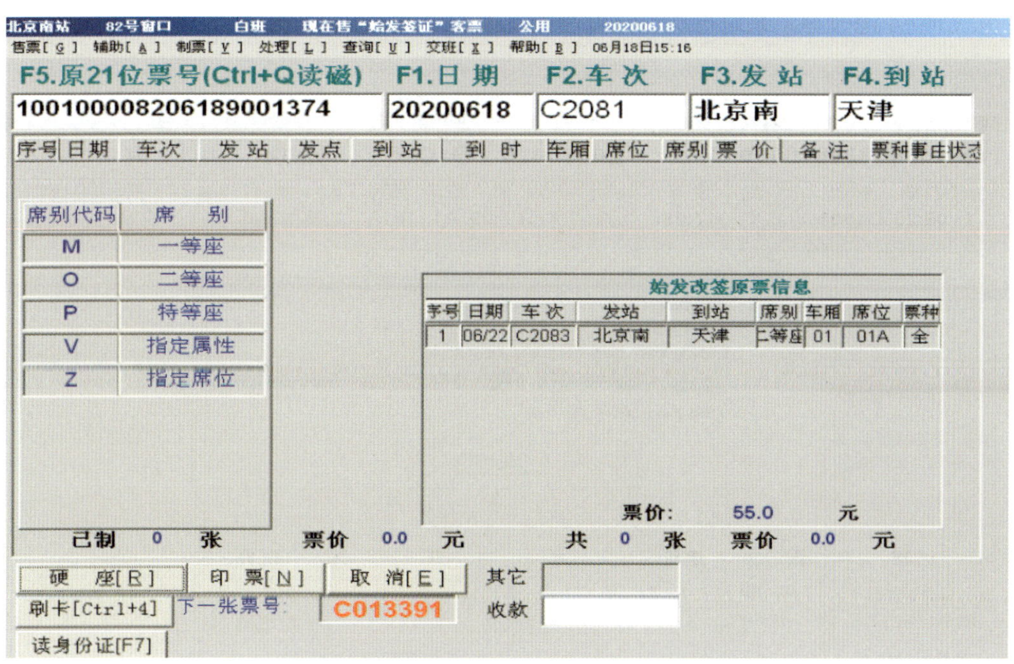

图 4–4　输入乘车日期、输入车次、输入席别

（5）等价改签（不需补/退票款）：按 Alt+N 键改签。

（6）低价改高价：收取新票款，退还原票款，原票款是现金支付，新票款通过按 Ctrl+4

键使用非现金支付，也可以按 Alt+N 键使用现金支付；原票款是非现金支付，必须通过按 Ctr1+4 键使用非现金支付，如图 4–5 所示。

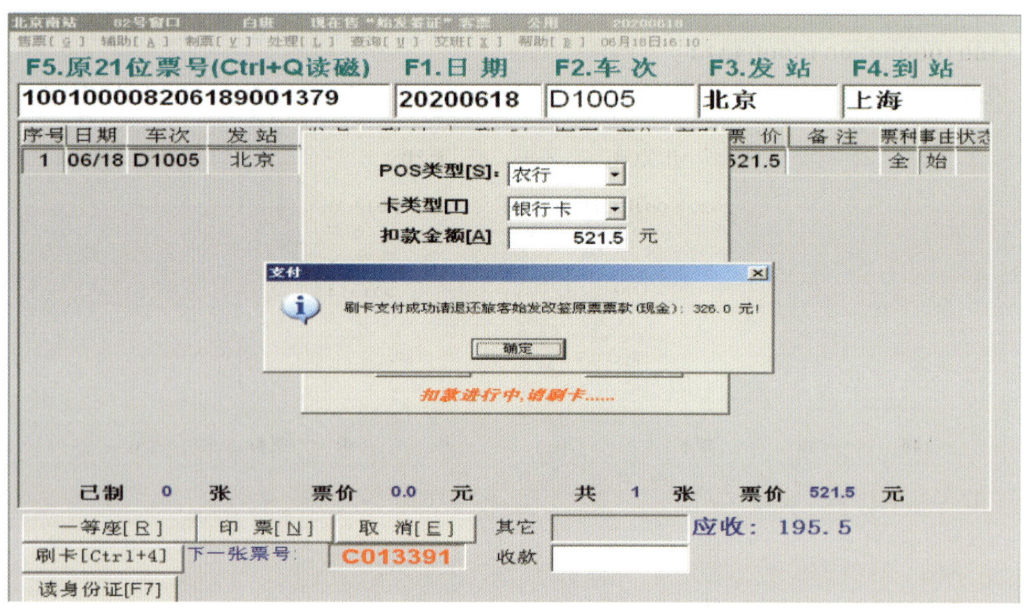

图 4–5　低价改高价

（7）高价改低价：原票款是通过现金支付的，按 Alt+N 键改签，原票款是通过非现金支付的，按 Ctr1+4 键改签，系统自动退还差额款，如图 4–6 所示。

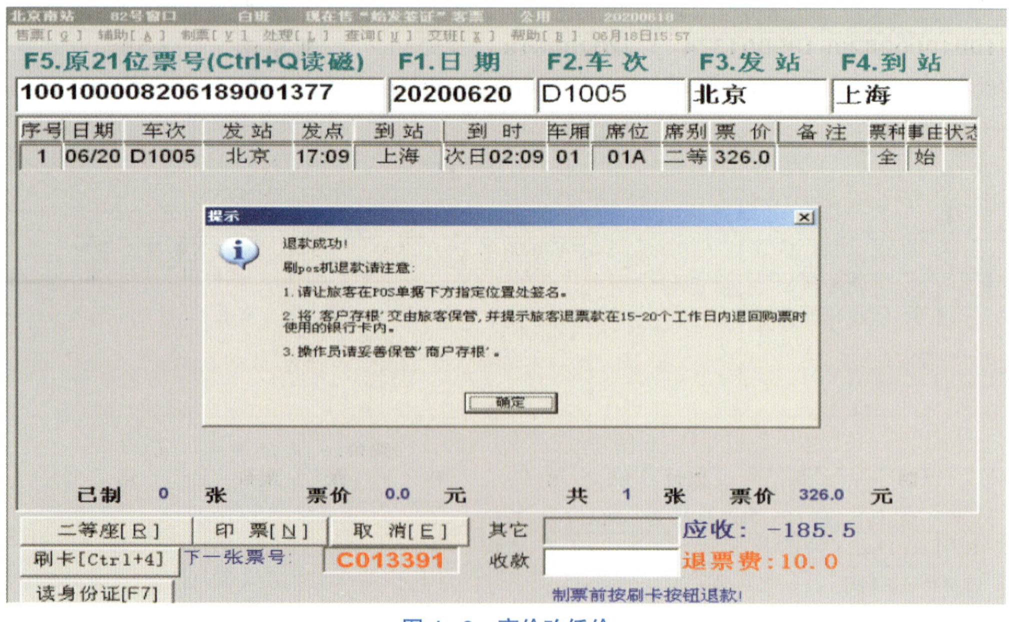

图 4–6　高价改低价

（8）按 Alt+Y 键打印报销凭证（发票），按 Alt+N 键不打印报销凭证（发票）。询问旅客是否打印报销凭证界面如图 4–7 所示。

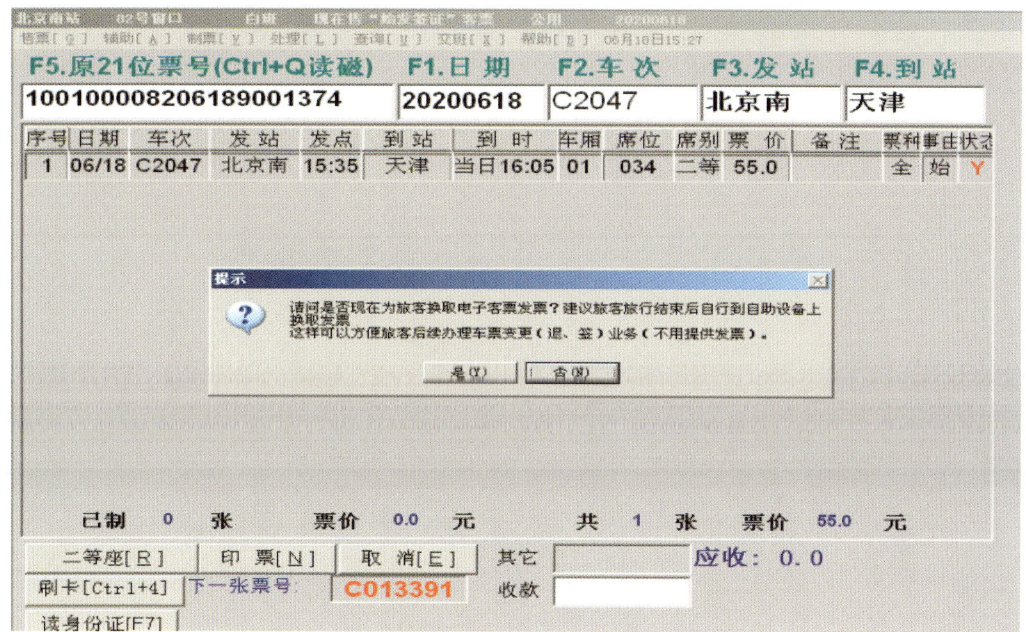

图 4-7　询问旅客是否打印报销凭证界面

知识技能模块 5

退票作业知识与技能

模块导入

旅客由于出行计划的变更，常要求办理退票业务。按照国家法律、铁路运输企业的规章为旅客办理退票手续，是票务岗位重要的工作能力。本模块在讲解退票作业规则的基础上，对退票作业技能进行了详细介绍。

思政课堂

小车票大历史！铁路人讲述 40 年暖心故事

改革开放 40 年，中国发生了翻天覆地的变化。作为“国民经济发展的动脉”，中国铁路是这种沧桑巨变的缩影。40 年，中国铁路由小到大、由弱变强，从内燃机车到电力机车，再到高铁动车，而这样的变化我们每一个人都是见证者与受益者。

在改革开放 40 年之际，中国铁路济南局集团有限公司济南站客运值班站长王孜慧讲述了一件暖心的故事。“因为我是从事客运工作的，就是和人打交道，其实每天听到、看到的这种感动的画面、感动的事也特别多。2016 年 11 月，东北地区有特大暴雪的时候，我们的列车大面积晚点，当时退票的旅客特别多，我们被旅客们层层包围，各种不满的情绪就直接发泄到我们的身上，我们耐心地给每位旅客解释并且安抚他们的情绪，所以连续 2 个小时没有喝水，当时说得嗓子都哑了。这个时候过来一个小伙子，问完他的车次信息之后，就递给了我们一盒润喉糖说，‘你们含一片吧，多喝点水，你们得保护好嗓子’，当时真的是特别特别的感动。”

（改编自中国山东网 2018 年 12 月 14 日文章《庆祝改革开放 40 周年一线职工讲述铁路发展变迁背后的故事》，作者：张敏敏、付德水）

工作任务 5.1　认知退票作业规则

职业能力 5.1.1　掌握退票作业基础知识

1. 退票的基本概念

使用电子支付方式通过车站售票窗口、自动售票机、铁路代售点和 12306.cn 网站（12306 手机 App）购买的铁路电子客票，均可通过 12306.cn 网站（12306 手机 App）或车站指定窗口在开车前办理退票手续。在 12306.cn 网站注册且通过手机 App 完成人脸身份核验的旅客，也可通过 12306.cn 网站（12306 手机 App）办理其他人使用电子支付方式通过车站售票窗口、自动售票机、铁路代售点和 12306.cn 网站（12306 手机 App）为其购买的铁路电子客票的退票手续。

使用现金方式购买或已打印报销凭证的铁路电子客票，可到车站指定窗口办理改签、退票手续；或通过 12306.cn 网站（12306 手机 App）先行办理人脸核验后办理退票，自网上办理退票成功之日起 180 天（含当日），凭乘车人身份证原件到铁路车站窗口办理退款手续。已打印报销凭证的铁路电子客票办理改签、退票手续时，旅客须交回报销凭证。

必要时，铁路运输企业可以临时调整退票办法。

2. 办理退票时，需提供的证件

在车站窗口退票，须在开车前办理。

（1）乘车人本人办理的，应提供车票和购票时所使用的本人有效身份证件原件办理退票。

（2）代乘车人办理的，应提供车票及代办人本人的有效身份证件原件和购票时所使用的乘车人有效身份证件原件。

（3）居民身份证无法自动识读或者使用居民身份证以外的其他有效身份证件购票的，应提供订单号码。

3. 退票费

开车前 8 天（含）以上退票的，不收取退票费；票面乘车站开车时间前 48 h 以上的按票价 5%计退票费，24 h 以上、不足 48 h 的按票价 10%计退票费，不足 24 h 的按票价 20%计退票费。开车前 48 h～8 天期间内，改签或变更到站至距开车 8 天以上的其他列车，又在距开车 8 天前退票的，仍核收 5%的退票费。办理车票改签或“变更到站”时，新车票票价低于原车票的，退还差额，对差额部分核收退票费并执行现行退票费标准。

上述计算的尾数以 5 角为单位，尾数小于 2.5 角的舍去、2.5 角及以上且小于 7.5 角的计为 5 角、7.5 角及以上的进为 1 元。退票费最低按 2 元计收。

车站窗口收取退票费时，出具退票（费）报销凭证。依据国家发票管理有关规定，旅客可用来报销。

4. 互联网购票的退票规则

（1）在 12306.cn 网站（12306 手机 App）购买且未检票使用的车票，均可在开车前通过 12306.cn 网站（12306 手机 App）或车站指定窗口办理退票手续。

（2）在 12306.cn 网站（12306 手机 App）办理退票时，按购票时所使用的在线支付工具相关规定，应退票款在规定时间退回购票时所使用的在线支付工具。可通过购票时所使用的在线支付工具进行查询。

互联网办理退票后去窗口领取票款需要注意以下事项：（1）现金购买的电子客票，自退票之日起 180 天内（含当日），持购票时使用的乘车人身份证件原件前往任一铁路车站窗口领取现金。（2）已领取报销凭证的电子客票，自退票之日起 180 天内（含当日），持购票时使用的乘车人身份证件原件和报销凭证前往任一铁路车站窗口确认应退票款后，退至旅客购票时使用的支付账户，并交回报销凭证。报销凭证须妥善保管，如有遗失、污损、票面不完整等情况，车站将无法返款。

5. 其他退票规则

（1）办理先退票后领款的，若身份证件丢失，需重新办理身份证件或凭购票时使用的有效身份证件发证机构发放的临时身份证明办理退款。

（2）办理先退票后领款的，可以让他人帮助领取票款，办理时需持代办人本人有效身份证件原件、乘车人购票时使用的乘车人身份证件原件和报销凭证前往车站窗口办理。

（3）在 12306.cn 网站（12306 手机 App）办理退票后，可在 12306.cn 网站（12306 手机 App）办理退票之日起 180 日内，凭购票时使用的乘车人有效身份证件原件和订单号码到车站售票窗口索取退票费报销凭证。依据国家发票管理的有关规定，旅客可用来报销。

（4）按团体旅客办理的车票，改签、退票时，应不晚于开车前 48 h 办理。

工作任务 5.2　进行退票作业操作

职业能力 5.2.1　掌握退票作业技能

1. 采用电子支付且已换报销凭证的电子客票的退票流程

1）使用报销凭证办理退票

（1）进入退票主界面。

（2）以人工输入报销凭证下方的编号或扫描报销凭证上的二维码的方式录入电子客票信息，如图 5-1 所示。

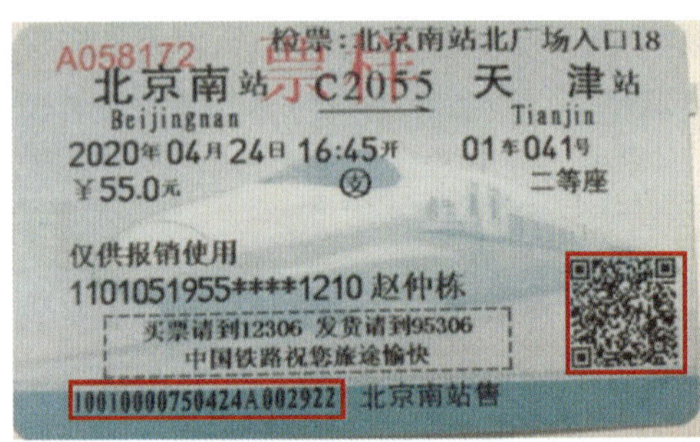

图 5-1　报销凭证下方编号及二维码

（3）获取电子客票信息后，按回车键，退票系统弹出提示“当前操作的为发票（报销凭证），退电子客票时必须收回此凭证，是否继续办理退票?”按 Alt+Y 键确认后，继续办理，如图 5-2 所示。

图 5-2　确认收回报销凭证，继续办理退票对话框

（4）退票系统弹出证件核对界面，输入证件号或按 F7 键读取可识读身份证件，信息无误后，按 Alt+Y 键确认，如图 5–3 所示。

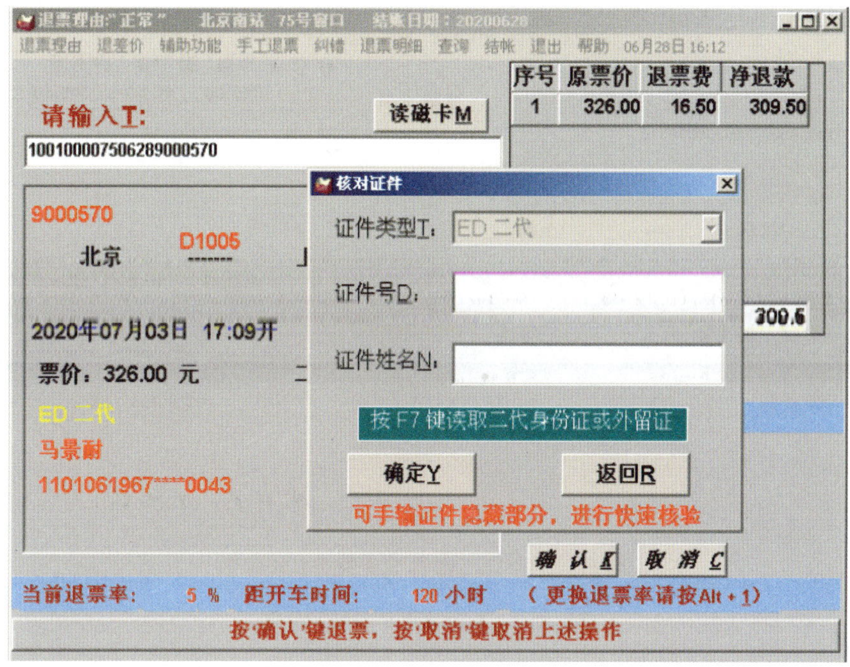

图 5–3 证件核对界面

（5）退票系统弹出核对发票（报销凭证）信息并收回报销凭证对话框，确认无误后按 Alt+Y 键，如图 5–4 所示。

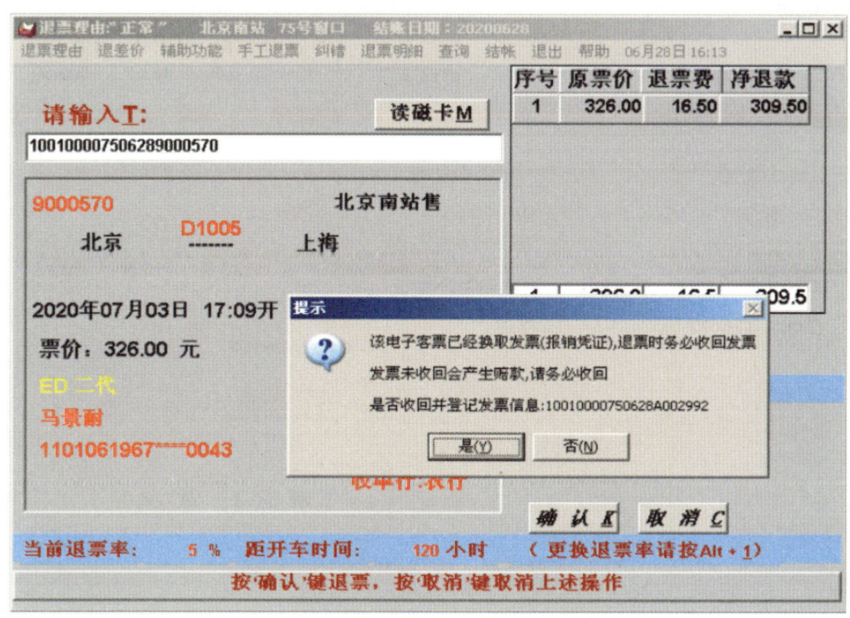

图 5–4 核对发票信息并收回报销凭证对话框

（6）退票系统将报销凭证信息还原后，需与实际报销凭证进行核对，检查退票率、退票费、退票理由等信息，确认无误后，按 Alt+K 键，如图 5–5 所示。

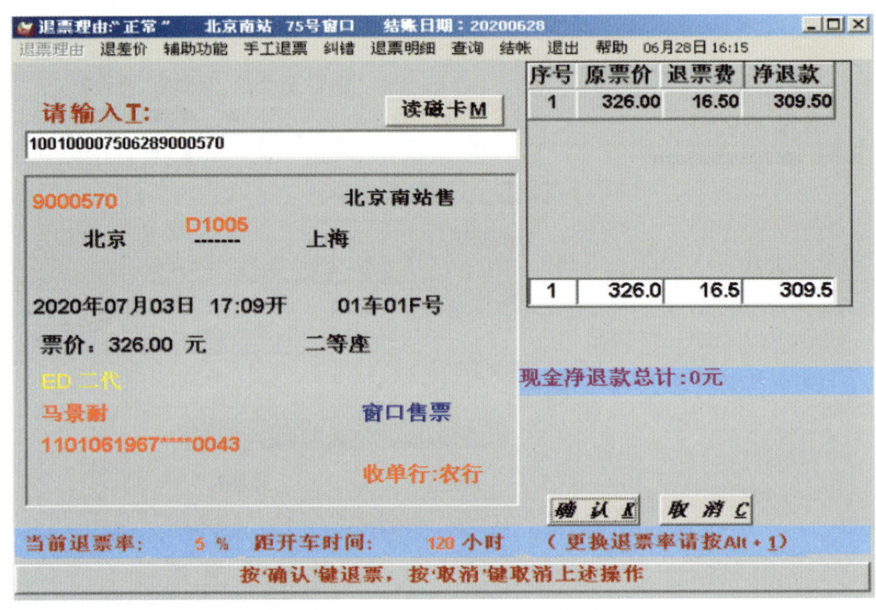

图 5–5　报销凭证信息核对界面

（7）在弹出的对话框中确认或取消退票，如图 5–6 所示，不同电子支付方式通过不同渠道退票退款。按 F1 键，刷新屏幕，开始为同一位旅客的下一张车票进行退票操作；按 F2 键，刷新屏幕，则开始为下一位旅客进行退票操作。

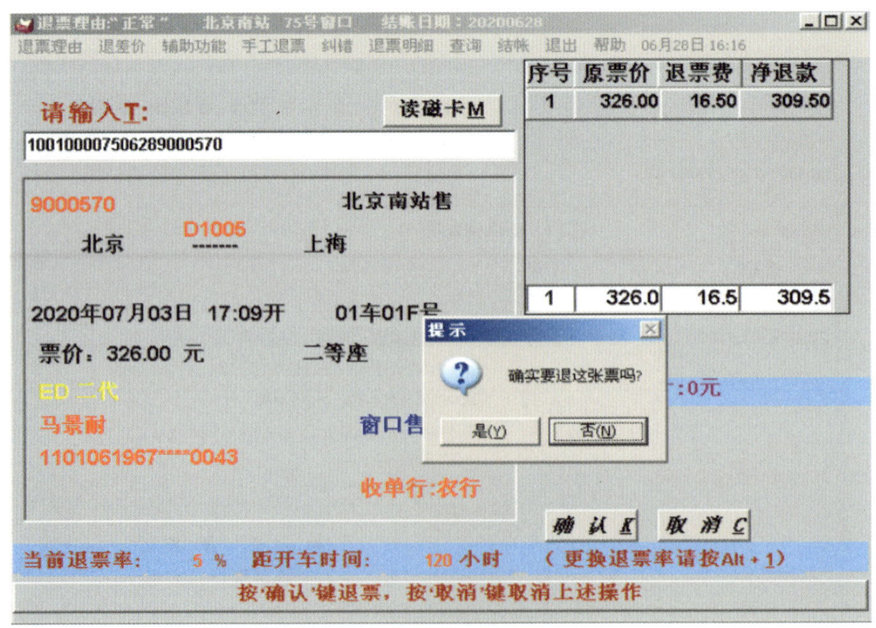

图 5–6　确认退票界面

2）使用行程信息提示办理退票

（1）进入退票主界面。

（2）人工输入行程信息提示上的 21 位或 25 位电子票号或扫描行程信息提示上的二维码，录入电子客票信息，如图 5-7 所示。

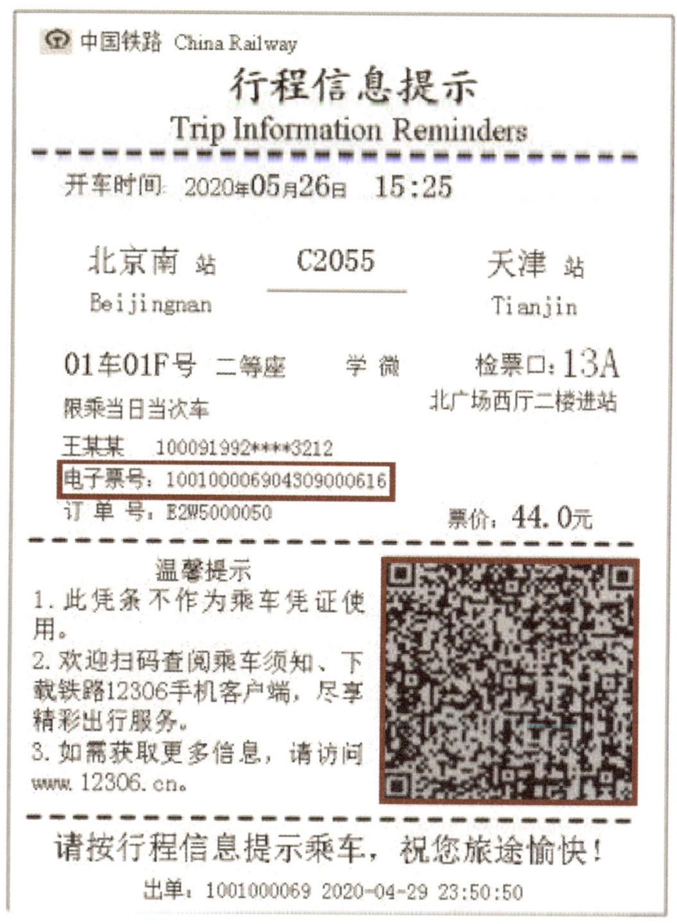

中国铁路 China Railway

行程信息提示

Trip Information Reminders

开车时间 2020年05月26日 15:25

北京南 站　C2055　天津 站

Beijingnan　Tianjin

01车01F号 二等座　学 微　检票口:13A

限乘当日当次车　北广场西厅二楼进站

王某某 100091992****3212

电子票号：100100006904309000616

订 单 号：E2W5000050　票价：44.0元

温馨提示

1.此凭条不作为乘车凭证使用。

2.欢迎扫码查阅乘车须知、下载铁路12306手机客户端，尽享精彩出行服务。

3.如需获取更多信息，请访问www.12306.cn。

请按行程信息提示乘车，祝您旅途愉快！

出单：1001000069 2020-04-29 23:50:50

图 5-7　行程信息提示上的 21 位或 25 位电子票号和二维码

（3）退票系统弹出证件核对界面（同使用报销凭证退票的相关界面），证件核对完成后弹出收回发票（报销凭证）提示界面（同使用报销凭证退票的相关界面），单击“是”按钮，或按 Alt+Y 键，进入报销凭证登记界面。

（4）在报销凭证登记界面输入报销凭证下方的编号并确认，或扫描报销凭证上的二维码，可还原报销凭证信息，核对无误后单击“确定”按钮，如图 5-8 所示。

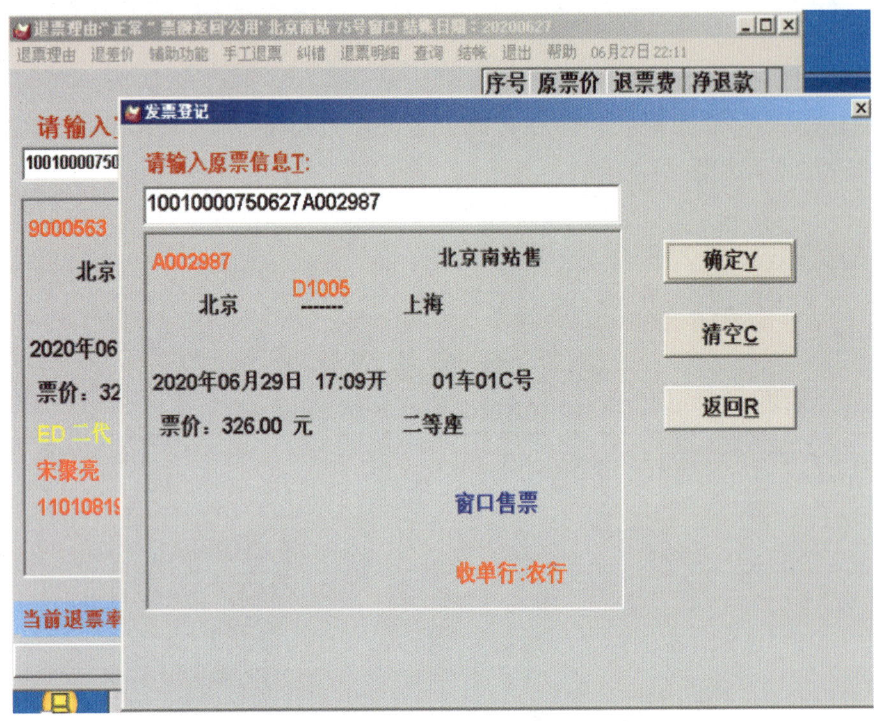

图 5-8　报销凭证信息核对确认对话框

（5）退票系统弹出收集发票信息成功对话框，如图 5-9 所示，单击“确定”按钮后，返回退票主界面，后续退票操作同使用报销凭证退票的相关步骤。

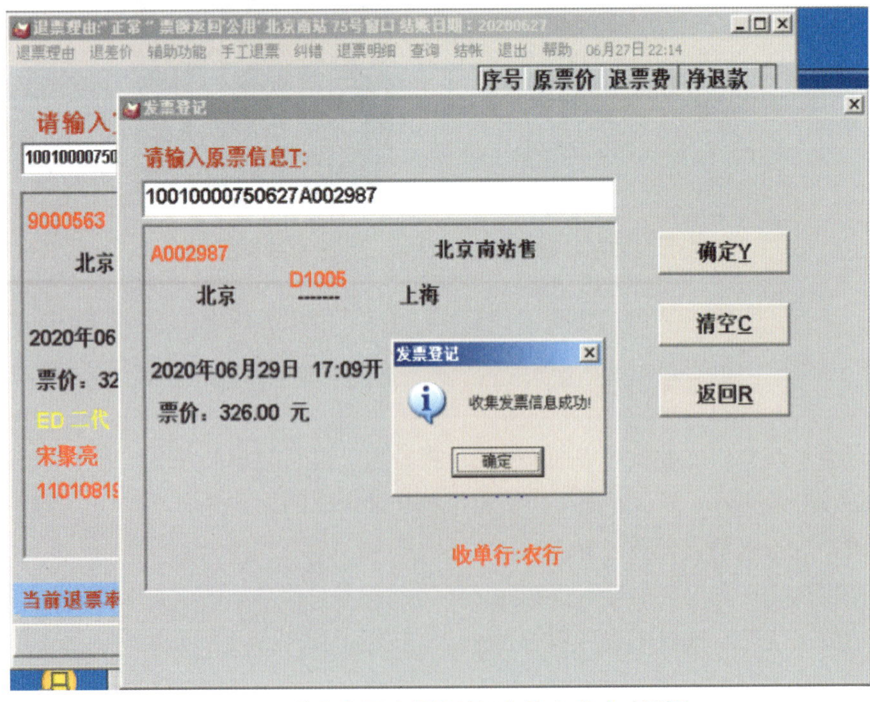

图 5-9　收集发票（报销凭证）信息成功对话框

除使用报销凭证退票和使用行程信息提示退票外，还可以使用人工输入订单号和证件号的方式录入电子客票信息；按回车键确认后显示电子客票记录，确认后，还原电子客票信息，之后的退票过程同使用行程信息提示退票；还可以直接输入购票身份证件信息，确认后，显示该身份证件信息所购所有可退电子客票记录，上下选择需要退的电子客票，确认后，还原电子客票信息，之后的退票过程同使用行程信息提示退票。

2. 使用现金支付且已换报销凭证的电子客票的退票流程

（1）还原报销凭证信息。还原报销凭证信息有以下 4 种方式。

① 人工输入报销凭证下方的编号或扫描报销凭证上的二维码。

② 人工输入行程信息提示上的 21 位或 25 位电子票号或扫描行程信息提示上的二维码。

③ 人工输入订单号+证件号。

④ 输入身份证件信息，选择所退电子客票并确认。

（2）还原报销凭证信息后，退票系统弹出提示“这是一张现金支付的电子客票，需给旅客退现金，请确认是否已知返款方式?”

如图 5–10 所示，单击“是”按钮，继续办理，其后的退票操作流程同采用电子支付且已换报销凭证的电子客票的退票流程。

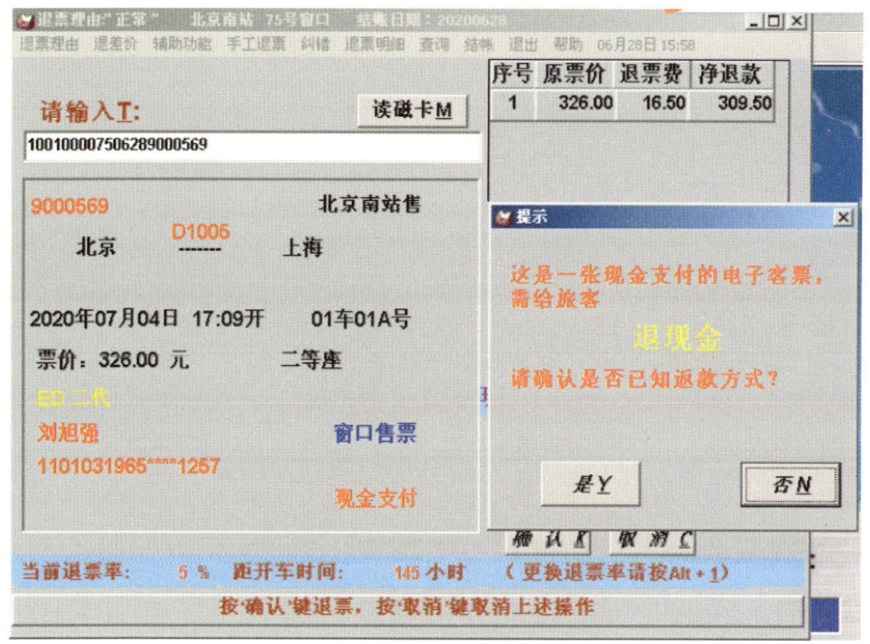

图 5–10　确定使用现金退票对话框

3. 使用现金支付未换报销凭证的电子客票的退票流程

（1）输入电子客票信息。输入电子客票信息有以下 3 种方式。

① 人工输入行程信息提示上的 21 位或 25 位电子票号或扫描行程信息提示上的二维码。

② 人工输入订单号+证件号。

③ 输入身份证件信息，选择所退电子客票并确认。

（2）接下来的操作除省略报销凭证回收步骤外，与使用现金支付且已换报销凭证的电子客票的退票操作相同。

4. 使用电子支付未换报销凭证的电子客票的退票流程

（1）输入电子客票信息。输入电子客票信息有以下 3 种方式。

① 人工输入行程信息提示上的 21 位或 25 位电子票号或扫描行程信息提示上的二维码。

② 人工输入订单号+证件号。

③ 输入身份证件信息，选择所退电子客票并确认。

（2）接下来的操作除省略报销凭证回收步骤外，与使用电子支付且已换报销凭证的电子客票的退票操作相同。

知识技能模块 6

电子客票应急处置知识与技能

模块导入

电子客票具有诸多的优点，其已占据铁路票务工作的核心位置，正因为如此，电子客票系统硬件、软件遇突发情况，造成的影响也将是巨大的。高度重视电子客票应急处置工作，科学制定电子客票应急处置预案对于铁路运输企业来说至关重要。本知识技能模块详细介绍了电子客票应急处置预案的相关原则与流程，并对电子客票应急替代方案之一——代用票进行了介绍。

思政课堂

2021 年 7 月郑州特大暴雨　铁路票务部门启动应急预案

受 2021 年 7 月郑州特大暴雨影响，途经郑州的旅客列车运行秩序受到影响，造成全路部分列车停运，客运服务工作特别是票务工作面临巨大压力。各地铁路火车站、票务部门启动应急预案，全面开展应急处置工作，确保旅客运输安全。

7 月 21 日，某地火车站通过加开退改签窗口为旅客办理退票（新华网发，汪亮摄）

应急预案启动以来，各地火车站通过站内显示屏、站内广播等多渠道及时公布列车晚点、停运信息。大量增开退改签窗口，最快速度为旅客办理退票改签手续。车站党员、团员、青年志愿者在候车室、进站口、售票厅等关键处所加强客流引导。

在多地车站候车大厅，虽因列车停运造成退票的旅客增多，但在车站方面的组织下，旅客排队退票秩序良好。各车站模范服务岗耐心做好旅客的宣传、解释、安抚工作。各车站还专门划定区域，提供给老、幼、病、残、孕等重点旅客休息。

铁路部门通过各种传播渠道，提醒旅客：已购买停运车次车票的旅客，可在票面乘车日期起（含当天）30 日内，到全国任意火车站退票窗口办理退票、改签手续。通过 12306.cn 网站或铁路 12306 手机 App 购票未取票的旅客，也可以在网上直接办理退票、改签业务。以上均不收取手续费。停运车次具体信息和后续恢复运行情况，可及时关注车站公告或登录铁路 12306.cn 网站查询，以免耽误行程。

7 月 21 日，某地火车站成立“党员突击队”在售票厅等关键处所加强客流引导（新华网发，汪亮摄）

7 月 21 日，某地火车站在候车室内的服务台提供便捷改签服务（新华网发，汪亮摄）

思政课堂

售票系统短时故障　微博网上致歉获好评

2011 年 1 月 23 日 12 时 27 分，北京铁路售票系统突发故障，导致窗口不能正常售票。1 小时后，13 时 29 分，系统恢复正常。

这一突发情况，很快就出现在了腾讯等各大网站的微博中。不过这次不是网友爆料，而是北京铁路局官方微博主动发布的。

现场：售票员急得手心直冒汗

昨天中午 12 时 30 分左右，在西站售票口排队等待买票的乘客忽然发现，队伍不动了。原来，所有窗口的售票员发现，系统联不上了！无论敲击什么信息，都是一片空白。

外面的乘客焦急张望，里面的售票员急得手心冒汗。用售票员小王的话说："顿时觉得大脑一片空白。"不过，很快传来的消息让排队的乘客感到稍微踏实了一点儿：所有车站、代售点系统都用不了了。大家松了口气，起码票不会被趁此抢走了。

随着售票系统瘫痪，北京西站、北京站立刻启动了应急预案，工作人员一边安抚排队购票旅客耐心等待，一边疏导急于赶乘当日列车的旅客到应急窗口通过应急售票系统购票。据悉，应急售票系统可以支持购买 2 小时以内的离京车票，解了不少旅客的燃眉之急。

两站工作人员事后庆幸，这个突发情况出现在中午，因为每日上午 11 时以后购票旅客就不多了，而且 12 时到中午 1 时又恰好是午饭时间，所以受影响的旅客人数少，大家情绪也很稳定，一些旅客耐心地在原地等待，还有一些旅客先行离开了。

网上："北京铁路"微博致歉

临近 14 时，腾讯等各大网站同时出现这样一条信息："1 月 23 日 12:27，北京铁路售票系统数据库发生设备故障，导致窗口不能正常售票，经铁路部门紧急抢修，13:29 已恢复正常。铁路部门对因此给旅客带来的不便表示歉意。"这条信息来自北京铁路局的官方微博。

微博消息发布后不到 1 小时，网友的留言和转发就逾千条，对铁路部门的信息公开大家都觉得很新鲜。网友"1978 的草"说："铁路部门能这么快公开信息很难得，大家很欣慰。"

其实，北京铁路局的官方微博早在本月 10 日就正式开通了，旨在方便旅客了解各类春运信息，包括加开临客、各站车票、安全防范等内容。本来只是打算在网上小试一下身手，没想到短短几天就受到网友的追捧，仅腾讯上的"北京铁路"就已经有了 22 万多名粉丝。热情的网友还自称"铁粉"。

（改编自北京日报 2011 年 1 月 24 日文章
《北京铁路售票系统昨现短时故障 发微博网上致歉》，作者：金可）

工作任务 6.1　启动电子客票应急处置预案

职业能力 6.1.1　明确电子客票应急处置原则与工作要求

1. 电子客票应急处置原则

1）确保组织有序原则

实施电子客票应用的车站售、检票及相关业务出现大范围异常时，铁路局和车站要立即启动应急预案，强化现场组织，做好解释引导服务，加强站车交接配合，确保旅客正常出行和客运组织有序。

2）优先网上办理原则

电子客票系统实现了 12306 线上线下功能一体化，车站在突发应急情况下，要优先引导具备条件的旅客使用 12306 手机客户端购票，优先引导使用电子支付购票且未打印报销凭证的旅客通过 12306 手机 App 办理改签等业务，优先引导旅客通过 12306 手机 App 办理退票业务。

3）及时通报、联动处置原则

电子客票系统环境下，客票销售、进出站检票和实名制核验均采用集中式架构，售、检票数据的实时性与同步性更强，对系统、网络、设备的可靠性要求更高。发生故障时，车站要及时报告有关情况，铁路局客运部营销中心、车站、列车等单位相互配合，密切联动，根据实际情况开展应急处置。

（1）当车站发现无法正常办理电子客票的售票、退票、改签及领取报销凭证业务的情况时，应及时向铁路局客运部营销中心汇报。营销中心及时通知中国铁道科学研究院客票总体组（以下简称客票总体组），联系方式 021–49120（路电），010–51849120（市电），确定故障无法立即解决时，应通知车站启动电子客票应急模式。

（2）当车站发现旅客持有效购票身份证件无法正常进、出站检票或无法正常通过实名制验证时，应及时通知铁路局委托的维保单位。维保单位及时通知客票总体组，同时立即组织进行故障排查。确定故障无法立即解决时，应通知车站启动电子客票应急模式。

（3）当实施电子客票应用的车站售、检票及相关业务办理出现大范围异常时，车站应及时报告铁路局客运部，铁路局客运部应及时向国铁集团客运部汇报。

2. 电子客票应急处置工作要求

1）提高思想认识

实施电子客票是落实客运提质计划的重要举措，是深化强基达标、提质增效的重要内容，做好电子客票故障应急处置工作是确保客运组织平稳有序和电子客票顺利推广实施的重要保障，各单位要进一步提高思想认识，切实增强使命感、责任感，提高对电子客票故障所产生问题的敏感性和重视度。

2）加强组织领导

由铁路局客运部牵头，科信部、电务部、宣传部、信息技术所等部门和单位共同参与，各直属站、各车务段、各客运段和铁路局铁道科学技术研究所，细化具体措施，明确职责分工，各方加强协调配合，全力做好应急处置工作。

3）强化应急演练

各直属站和各车务、客运段组织工作人员和相关技术、管理人员加强应急处置演练培训，定期开展应急演练，模拟可能出现的各类故障，检验应急响应是否及时到位，应急处置是否按要求落实，确保应急处置措施方案取得实效。

4）加强舆情引导

在故障发生期间，铁路局要重点关注舆情信息和舆论导向，宣传部门与客运部门要加强沟通，统一应对口径，积极发声引导。车站要安排充足的人员，在售票厅、检票现场等重点场所，进行宣传引导，避免出现旅客大量聚集等情况，确保现场作业有序。

5）补充要求

对于非电子客票相关的应急处置，仍按照《互联网售票应急处置暂行办法》执行。有关电子客票应急处置技术手册和客票总体组电子客票应急值守联系方式，各相关单位应认真研究、常备相关资料以随时查阅。

6）其他方面

电子客票应急处置流程纳入铁路局客运系统安全整体工作管理。

职业能力 6.1.2　掌握电子客票应急处置流程

1）售票业务

此类业务故障主要有部分窗口售票故障和全部窗口售票故障两种情况。部分窗口售票故障时，车站应组织引导旅客到功能正常的人工窗口或自助终端办理业务。所有窗口售票故障时，铁路局客运部营销中心使用数据维护“字典–>电子客票车站定义”功能，关闭车站的电子客票功能，车站组织窗口、自动售/取票机岗位人员重新“进班”，启用纸质车票发售模式，向旅客发售纸质车票。

2）退票业务

办理退票业务异常的，如旅客能够提供报销凭证，且票款为电子支付的，车站为其开具“车票收回凭证”并将报销凭证收回，待系统恢复后为旅客办理退票手续，按原支付渠道返还票款。旅客无法提供报销凭证或票款为现金支付的，车站为其开具“铁路受理退票凭证”，登记乘车人身份信息、车票信息、联系方式，待系统恢复后为旅客办理退票手续，如确定旅客未打印报销凭证且票款为电子支付的，按原支付渠道返还票款；如旅客已打印报销凭证或票款为现金支付的，通知该旅客自即日起 30 日内携带“铁路受理退票凭证”和该凭证登记的身份证件前往就近车站办理退票手续。

3）改签和变更到站业务

业务办理异常时，车站引导旅客重新购买车票，待系统恢复后为旅客办理原票退票手续，免收手续费。原票按上述退票规则办理。

4）打印报销凭证

报销凭证打印业务异常时，车站做好解释工作，引导旅客到站后前往车站窗口打印或选择其他时间打印。

5）实名验证

实施电子客票应用的车站在实名验证正常运行时采用全路电子客票联网运行模式，应急情况下，经维保单位与客票总体组研判，可采用铁路局 PSR 验证模式和脱机验证模式，应根据实际情况选择处理。

（1）如铁路局范围内所有车站出现实名验证故障，由客票总体组与维保单位配合，将实名验证切换为铁路局 PSR 验证模式，车站实名验证作业按正常状态进行。

（2）如铁路局范围内个别车站出现实名验证故障，由客票总体组、维保单位与车站配合，将该站自助实名验证闸机切换为脱机验证模式，仅进行“人、证”一致性核验；对于提供报销凭证或车票的旅客，人工实名核验窗口采用既有方式核验“票、证、人”一致性，对于无法提供报销凭证或车票的旅客，人工实名核验窗口仅进行“人、证”一致性核验。

6）进出站检票

实施电子客票应用的车站在进出站检票正常运行时采用全路电子客票联网运行模式，应急情况下，经铁路局与客票总体组研判，可采用铁路局 PSR 检票模式和脱机检票模式，应根据实际情况选择处理。

（1）如铁路局范围内所有车站出现进出站检票故障，由客票总体组与维保单位配合，将铁路局管内所有车站进出站检票切换为铁路局 PSR 检票模式，检票作业按正常状态进行。

（2）如铁路局范围内个别车站出现进出站检票故障，由客票总体组、维保单位与车站配合，将该站自助检票闸机切换为脱机检票模式，系统记录旅客身份信息，不核验购票信息。对于无法通过检票闸机或持不可识读身份证件的旅客，引导其在人工检票口使用手持移动终端检票乘车。必要时，检票口工作人员根据实际情况，通过查验购票信息引导旅客乘车。

（3）采用以上模式进行应急检票，车站均需向相关列车通报情况。

7）列车验票

站车加强联动配合，做好乘降组织，列车通过站车无线交互终端查验车票并进行补检操作。将未查询到购票信息的旅客交下车站处理。

电子客票应急处置组织流程如图 6-1 所示。

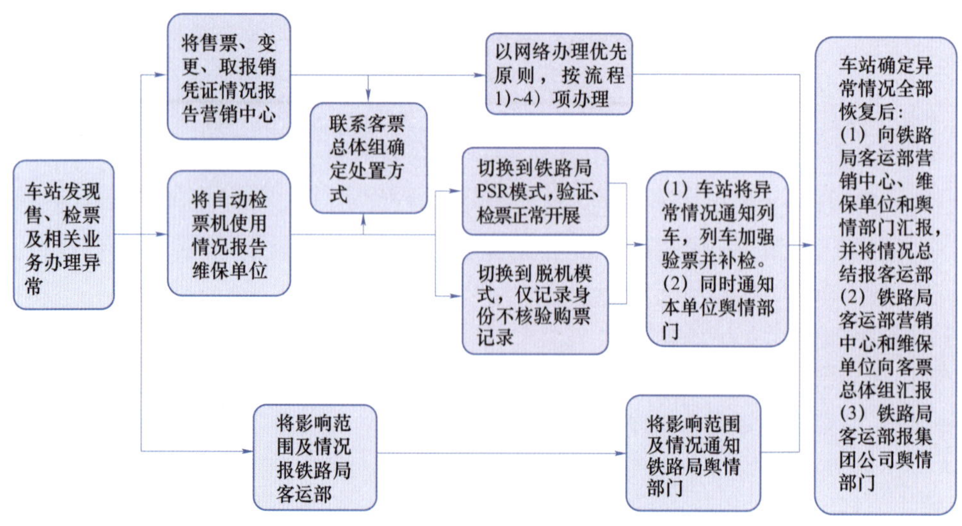

图 6-1　电子客票应急处置组织流程

工作任务 6.2　发售代用票

职业能力 6.2.1　掌握代用票的作业技能

由于代用票使用范围广，覆盖 18 种事由，因此其作为电子客票替代票的作用越来越明显。掌握代用票的作业技能非常重要。

1. 发售代用票的准备工作

（1）填写工具的准备。

发售代用票需要使用剪刀、笔、尺子等工具。

（2）票价确定依据。

代用票票价要按《铁路客运运价里程表》《铁路旅客票价表》来确定，如图 6-2 所示。

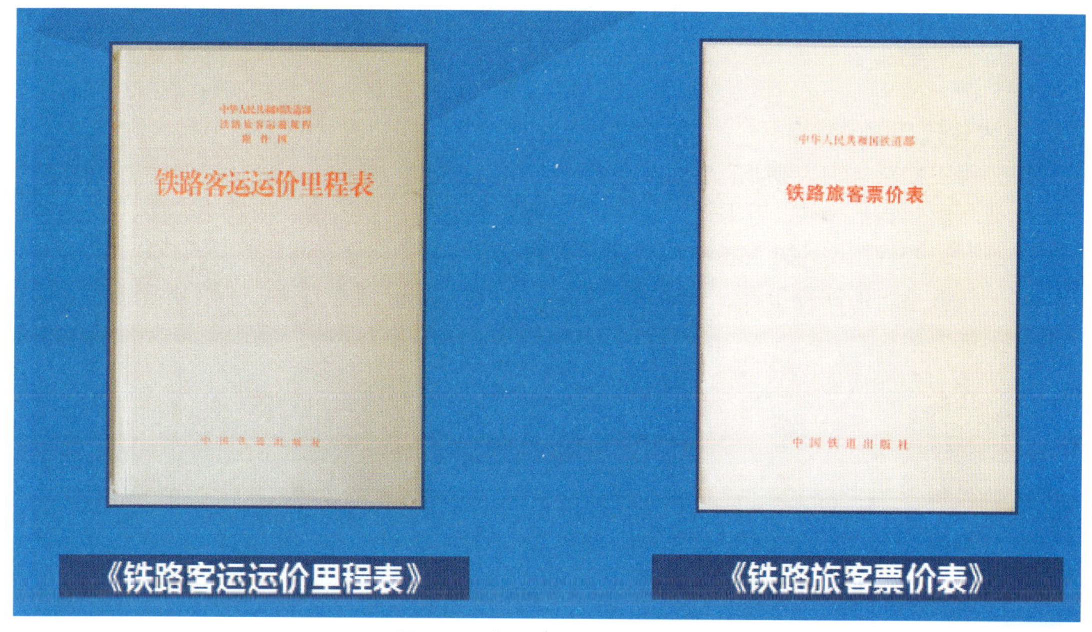

图 6-2　代用票票价确定依据

2. 代用票填写质量标准

（1）售票时按照《铁路旅客运输规程》《铁路旅客运输办理细则》《铁路客运运价规则》的相关规定办理。

（2）填写代用票时，应确保字迹清楚，不潦草、不省略、不涂改，不写简化字、错别字，不错剪剪断线。

（3）按照《铁路旅客运输服务质量标准》的相关规定做好对旅客的解释工作。

3. 代用票票面结构

代用票票面结构如图 6-3 所示。

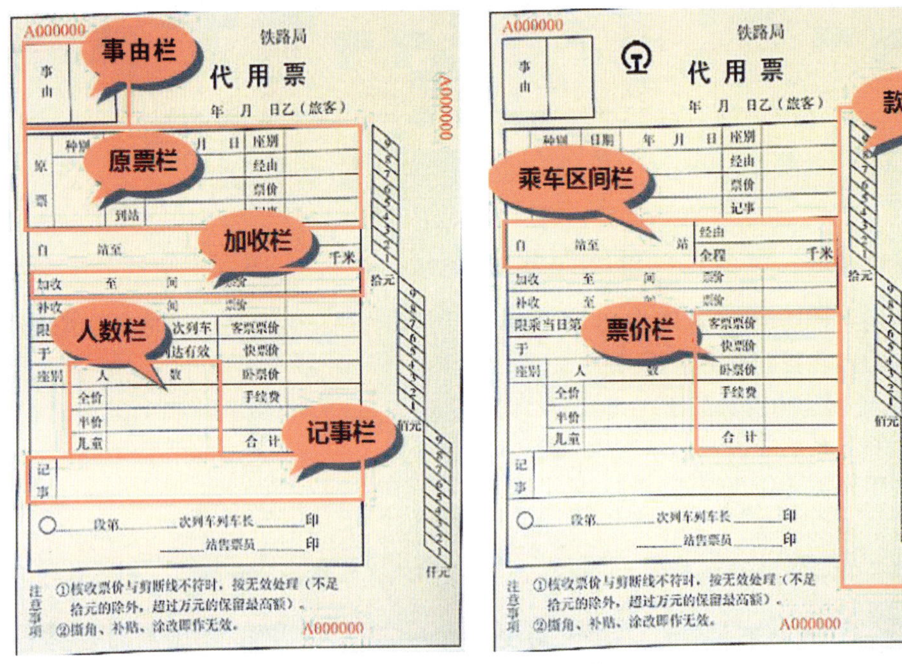

图 6-3　代用票票面结构

4. 发售代用票的程序

（1）确定购票事由、乘车区间。

主要事由包括：客快、客快卧、补卧、儿童票、超高、学生票、伤残军人票、丢失票、无票、越站、变铺、变座补卧、变座变卧、分乘、误售等。

（2）根据乘车区间查里程、查乘车有效期。

（3）核算票价。

（4）手写票面内容。

参考文献

［1］申伟，兰云飞，张春阁. 高速铁路客运组织与管理. 北京：北京交通大学出版社，2019.

［2］兰云飞，宋保卫. 高速铁路客运规章. 北京：北京交通大学出版社，2018.

［3］王慧，杜岩. 高速铁路客运组织：基于电子客票. 北京：北京交通大学出版社，2021.